天才少年家教手册

# 培养天才记忆 ABC

主编：吴忠魁
作者：力　欣

北方妇女儿童出版社

**图书在版编目（CIP）数据**

天才少年家教手册．培养天才记忆ABC / 力欣著．—2版．—长春：北方妇女儿童出版社，2011.9

ISBN 978-7-5385-1344-8

Ⅰ．①天…　Ⅱ．①力…　Ⅲ．①儿童教育：家庭教育
Ⅳ．①G78

中国版本图书馆CIP数据核字（2011）第179925号

天才少年家教手册

**培养天才记忆ABC**

**主　　编**：吴忠魁
**作　　者**：力　欣
**责任编辑**：师晓辉
**出版发行**：北方妇女儿童出版社
（长春市人民大街4646号　电话：0431-85640624）
**印　　刷**：北京海德伟业印务有限公司
**开　　本**：650mm×960mm　1/16
**印　　张**：14
**字　　数**：180千字
**版　　次**：2011年9月第2版
**印　　次**：2017年8月第4次印刷
**书　　号**：ISBN 978-7-5385-1344-8
**定　　价**：28.00元

# 序

谁家没有孩子？哪个父母不望子成龙、希望孩子成为天才？拳拳父母心，切切亲子情，常令为父母者殚精竭虑。

然而，数以千万计的家长却在家庭教育方面陷入困境。有的因教子无方而迷茫、有的因教子不当而苦恼。千百万父母渴望得到教育家的指导，无数有识之士在呼吁尽快提高家教的素质。为此，北京师范大学一批从事教育科学和心理科学研究的知名学者经多年努力编著了这套《天才少年家教手册》。希望此书给为家教失败所困扰和渴望孩子成才的家长们一些实际的帮助。

此套丛书既有实际的案例分析，又有专家的建议和忠告。科学性、系统性、实用性和可操作性是这套丛书的突出特点。

每位天才少年成功的背后，总会站着伟大的父母。愿天下家长都成为伟大的父母，愿每个孩子都成为成功的天才少年。

# 目 录

一 **您了解您的孩子吗** / 003

——小学生复习技法与应试技能的测查

复习技巧和应试技能是成功的关键 / 003

怎样测查小学生的复习技法与应试技能 / 004

小学生复习技法与应试技能调查表 / 004

对测查结果的分析 / 008

二 **工欲善其事，必先利其器** / 013

——良好的记忆力是复习应试的基础和保障

了解记忆的奥妙 / 013

您知道什么是记忆么 / 013

记忆的类型 / 015

小学生记忆的特点 / 016

记忆的作用 / 018

超强记忆能力是早慧的重要标志 / 018

记忆好才能学习好 / 019

记忆的训练 / 020

记忆力的好坏不是天生的 / 020

记忆力是可以训练的 / 022

超级记忆训练的科学依据和原理 / 023

**三　让您的孩子具有博闻强记的能力** / 027
测测您孩子的记忆力 / 028
练前测验（第一套）/ 028
练前测验（第二套）/ 031
记忆热身操 / 036
瑜伽呼吸训练法 / 037
增进记忆力的单侧体操训练法 / 039
信息接收训练法 / 042
增进小学生记忆力的系列训练 / 047
视觉映像训练法 / 047
分类记忆训练法 / 052
数字记忆训练法 / 056
串词训练法 / 059
相貌与人名记忆训练法 / 064
训练后记忆力验收测验 / 071
验收测验（第一套）/ 072
验收测验（第二套）/ 075

**四　开发孩子大脑的记忆金矿** / 087
开发记忆的金矿 / 088
有的放矢——明确近期目标 / 088
兴趣是学习和记忆的源泉 / 090
趁热打铁——及时予以强化 / 093
自信心是飞向记忆成功的翅膀 / 094
战胜记忆的敌人——不良情绪 / 096

循序渐进，逐步积累 / 098
温故而知新 / 100
巧妙安排时间 / 103
培养良好的复习习惯 / 104
计划目标不可少 / 104
复习时间巧安排 / 105
复习方法多样化 / 107
循序渐进有层次 / 110
全神贯注不分心 / 110
一张一弛除疲劳 / 111
错误观念要清除 / 112

**五 临渊羡鱼，莫若退而结网** / 117
——利用记忆规律，掌握有效的复习技法
科学有效的记忆方法 / 117
有意记忆法 / 117
理解记忆法 / 119
联想记忆法 / 121
多通道记忆法 / 123
精选记忆法 / 125
谐音记忆法 / 126
口诀记忆法 / 127
掌握有效的复习技法 / 129
网络复习法 / 129
程序复习法 / 131

过度复习法 / 133
四环节复习法 / 134
集中复习法与分散复习法 / 136
整体复习法与部分复习法 / 137
竞赛复习法 / 138
笔录复习法 / 139

**六　不打无准备之仗** / 143
——做好孩子考前的准备与调整
做好物质准备 / 143
临考前的饮食 / 143
调整作息时间 / 144
文具的准备 / 145
考前的心理调整 / 146
科学对待猜题 / 146
科学对待模拟考试 / 148
消除新异刺激 / 149
增强自信心 / 150
进入静息状态 / 150

**七　两军交锋智者胜** / 153
——小学生应试策略和答题技巧
应试的一般策略 / 153
注意考试要求，完善自填项目 / 153
仔细阅读说明，免做无用之功 / 154

全面统筹安排，合理分配时间 / 154
认真仔细审题，以免南辕北辙 / 155
注意答题策略，先易后难解答 / 156
答案简明扼要，无须画蛇添足 / 157
分分都要争取，绝不粗心大意 / 157
保持卷面整洁，不要因小失大 / 158
高度重视复查，把好最后一关 / 158
不可提前交卷，沉着就是胜利 / 159
小学数学考试应试技巧 / 159
填空题 / 159
判断题 / 160
选择题 / 161
简算题 / 163
计算题 / 165
几何图形计算题 / 166
文字叙述题 / 169
应用题 / 170
小学语文考试应试技巧 / 174
基础知识 / 174
阅读 / 182
作文 / 186

八 **别怕考试** / 191
——怎样防治小学生的考试焦虑
考试焦虑是精神紧张 / 191

考试焦虑的危害 / 192
考试焦虑对学习的影响 / 192
过度考试焦虑对考试的干扰与危害 / 193
过度考试焦虑对身心健康的威胁 / 194
影响考试焦虑的因素 / 195
遗传因素 / 195
健康状况 / 195
自我评估 / 196
知识经验 / 196
应试技能 / 196
家庭环境 / 196
学校教育 / 196
小学生考试焦虑的测查与分析 / 197
考试焦虑自我测查量表 / 197
对测查结果的分析 / 200
考试焦虑的治疗方法 / 202
自信训练 / 202
系统脱敏 / 205
考场病及其预防与救急措施 / 208
突然慌乱 / 208
记忆堵塞 / 210
书写痉挛 / 212
身体疲劳 / 213

# 一　您了解您的孩子吗

## ——小学生复习技法与应试技能的测查

### 复习技巧和应试技能是成功的关键

让孩子记得牢、考得好，这知识的一进一出，可真是既关键，又重要。有的孩子善学不善考，有的孩子善考不善学，如果能够把两者很好地结合起来，无疑非常理想。在记和考之间，还有个不可忽视的中间环节，这就是复习。

记得牢是前提，如果孩子连知识都学不进，记不住，一切都无从谈起。因此，必须在孩子学习阶段，即知识的“进”上，也就是“记”上下工夫。

可是，记得牢、记不牢，也就是知识掌握得好坏，总得有个检验。在小学阶段，检验的主要形式之一就是考试。考试常常最令家长着急和苦恼。您的孩子很聪明，可往往考试总是不理想，怎么回事？专家们研究发现：人的智力差别不是太大，影响孩子学习成绩的原因主要有两点。一是没有一个科学的复习技法。掌握了科学的复习技法，可以使小学生节省一半的精力。“温故而知新”、“复习是学习之母”，这是前人经过长期实践而总结出来的经验。然而，并不是任何复习都能取得好的效果的。因而，父母应该帮助孩子选择“最优化”的复习技法。二是缺乏有效的应试策略和答题技巧。一旦了解和掌握了各种题型的特点和解题思路，可使学生了解考查要点、概览题型、掌握解题技巧，增强应变能力，从容地对待考试。

总而言之，学得好，记得牢，是小学生学习成功的前提或基础，科学有效的复习技巧和应试技能是成功的关键。人与人之间智力水平的差异，并不像人们想象的那样大。如果一个中等智力水平的小学生掌握并运用了有效的记忆技能、复习技巧与应试技能，那么，他将比自恃智力高而没有掌握方法的其他同学取得更好的成绩。

不管怎样，家长都是个好帮手，让孩子学得好、记得牢、复习得法、考得好，都需要家长的努力。要做到这一点，当家长的首先需要了解孩子。在此，我们先给家长提供了解孩子是否掌握了复习和应试的技能的方法，以使家长更好地帮助学生有的放矢地掌握各种复习技法与应试技能，有关记忆方面的了解，将在下一章给出。

## 怎样测查小学生的复习技法与应试技能

### 小学生复习技法与应试技能调查表

下面的调查表可以帮助家长了解自己孩子的复习习惯和应试方法。试一试，看看您的孩子情形如何。答题时，请孩子仔细看好每一道题目。凡基本符合他的情况的题目，就让他在该题后边的横线上填写“是”字；凡基本不符合他的情况的题目，则填写“否”字；如果无法确定，请填上一个“?”作为标记。提醒您注意的是：只有让孩子真正如实回答，这个调查表的测查结果才是有价值的。

现在开始测测您的孩子：

1. 每到考试时，直到临考前的那天晚上，我才对大部分需要复习的功课进行突击。________

2. 当准备考试的时候，我紧张、不安，或者由于某些其他原因而难以复习。________

3. 在参加语文考试之前，我阅读了所有与此次考试有关的材料。________

4. 我常常得反复读几遍才能理解一份材料。________

5. 在阅读课文时，我抓不住重点。________

6. 在开始做论述题之前，我先把内容考虑好，写在草稿纸上。________

7. 在阅读课文时，碰到生词或无法从上下文断定某个词的词义，我就查字典。________

8. 我能用自己的话记笔记。________

9. 应试期间，我紧张不安，不能像平常那样发挥应有的水平。________

10. 我在零星的纸片上记笔记，而不是记在笔记本上。________

11. 在阅读中，有时我记下纲要，画出图示，或将有代表性的观点制成简表。________

12. 我实在不知道一个完整的句子究竟应该包括哪些成分。________

13. 我常常需要有一定的压力才能复习。________

14. 我定期复习。________

15. 我的学习常常被来访的同学、电话和其他的娱乐活动打断。________

16. 完成规定的复习任务以后我才开始做其他事情，我把这作为一种制度。________

17. 我常利用做作业的时间来做游戏、与朋友约会、看电视、看小说、看电影、听音乐等等。________

18. 有时，当我坐下来学习时才意识到，课外作业究竟是什么，自己还不清楚。________

19. 我用学校里所学的知识帮助自己理解社会中发生的事情。________

20. 我把课堂笔记认真整理并妥善保存。________

21. 在写作文时，我不知道结尾怎么写。________

22. 我常将一些不重要的材料记在笔记上，这些材料考试中根本用不上。________

23. 开始写作文前，我要拟提纲，或者制定一份写作计

划。________

24. 我是在阅读完课文以后才记笔记的，而不是边读边记要点。________

25. 交作文之前，我通常要花很长时间来进行推敲，以便在定稿时，能把作文修改得更好一些。________

26. 有时，我不能按老师要求的时间交作文，或者匆匆忙忙地应付一下便交上去。________

27. 我不喜欢某些教师或课程，因为这些教师或课程妨碍我的学业进步。________

28. 在看书时，我常常发现自己还没弄清读的是什么，就已经读了好几页了。________

29. 看书时，我常常跳过书中的表格和图解。________

30. 我把书上的重点和难点做上记号，以便复习时能对此特别留心。________

31. 我把外语单词写在卡片上，以便于记忆。________

32. 看书时，在一章的结尾我经常停顿一下，以便归纳本章的要点。________

33. 当我在复习中遇到问题时，我会毫不犹豫地提出来向老师请教。________

34. 看书时，有时我喜欢自言自语读出声来。________

35. 我感到某些教师对我冷淡。________

36. 即使自己知道正确答案，我也时常害怕在课堂上回答问题。________

37. 我常常睡眠不足，因此上课时总想打盹。________

38. 碰到新词汇适用的场合，我就使用它们。________

39. 我有一个明确的复习计划表，表上规定了复习的时间与地点。________

40. 复习时我好做白日梦。________

41. 我在复习时常常坐不住，因此无法把精力集中在复习任务上。________

42. 开始学习新功课之前，我通常对以前所学的课程进行复习。________

43. 如果没有充分的理由，我一定坚持自己的复习计划。________

44. 有时，我边看电视边学习，或者一边听着同屋人们的谈话一边学习。________

45. 我在某一课程上花费时间过多，而在其他课程上时间则不够用。________

46. 复习时，我常常站起来，四处走走，翻翻报纸，或者吃点零食。________

47. 我喜欢找出具体的例子来说明自己所学到的一般原理和规则。________

48. 开学初，我静不下心来，难以认真考虑功课。________

49. 有时我到了课堂上或坐下来复习时，才发现竟没有带所需的课本、笔、笔记本或其他课用品。________

50. 我用某一课程中所学的知识来理解其他课的东西。________

51. 有时，我对所学的材料能够正确背诵时，并不立即停止学习，还要再背几遍。________

52. 我实在不知道一篇作文应该怎样开头。________

53. 我对自己的功课感到担忧。________

54. 当准备考试的时候，有时我试图把书本上的话一字不漏地记在脑子里。________

55. 我经常借助昏暗的光线看书。________

56. 仔细阅读某篇文章之前，我先将它粗略浏览一遍（如阅读段落标题），了解一下大概内容。________

57. 我感到有些教师是我的朋友。________

58. 我发现自己的学校生活大多是有趣的。________

59. 我总是抱着把某些材料仅仅记到考试结束的想法，为应付考试而学习的。________

60. 我尽快地阅读，以便能迅速而准确地完成老师指定的作业。________

## 对测查结果的分析

现在，您的孩子已经按要求把调查表填写完毕。接下来，让我们一起来分析他的测查结果，以便找到您孩子在复习习惯与应试方法上的主要症结。

为了防止对测查内容一目了然，进而影响答题的可靠性，在编排题目顺序时，对测查内容做了混合编排。这些测验题可以概括为以下几个方面，与每个方面相关的测试题号包括：

表1—1　小学生复习技法与应试技能调查表
内容归类与所属题号

| 归类 | 测查内容 | 题目序号 |
|---|---|---|
| A | 复习方法与复习习惯 | 12，13，14，15，16，17，18，19，37，38，39，40，41，42，43，44，45，46，47，48，49，50，51，52，53，54，55 |
| B | 阅读习惯与技能 | 4，5，7，11，28，29，30，32，34，56，60 |
| C | 对学校的态度 | 27，33，35，36，57，58 |
| D | 记笔记与写作文 | 8，10，20，22，23，24，25，26，31，52 |
| E | 准备与应试 | 1，2，3，6，9，21，54，59 |

小学生复习技法与应试技能调查表的标准答案，即掌握良好的复习技法与应试技能的学生所应选择的正确答案，请见下表。

您可以自行画一张表，将表中的“标准答案”改为“个人答案”，在“是”与“否”两栏内，分别填上您的孩子实际所选的题目序号。

然后，对照“标准答案”，分析您的孩子所选的答案。

表 1—2　小学生复习技法与应试技能
调查表的标准答案

| 归类 | 测查内容 | 题目序号 | |
|---|---|---|---|
| | | 答“是”的题目序号 | 答“否”的题目序号 |
| A | 复习方法与复习习惯 | 14，16，19，38，39，42，43，47，50，51 | 12，13，15，17，18，37，40，41，44，45，46，48，49，53，55 |
| B | 阅读习惯与技能 | 7，11，30，32，56，60 | 4，5，28，29，34 |
| C | 对学校的态度 | 33，57，58 | 27，35，36 |
| D | 记笔记与写作文 | 8，20，23，25，31 | 10，22，24，26，52 |
| E | 准备与应试 | 3，6 | 1，2，9，21，54，59 |

例如，在“阅读习惯与技能”这部分测查内容中，“标准答案”中答“是”的题目序号是：7，11，30，32，56，60，而您的孩子却将其中 2 道题答成“否”；“标准答案”中答“否”的题目序号是：4，5，28，29，34，而您的孩子却将其中 3 道题答成“是”，这说明，您的孩子在“阅读习惯与技能”方面存在着明显的缺陷，必须设法弥补。其他部分测查内容的对照分析，可以依此类推。

一般说来，如果您的孩子在某部分测查内容上的错误率达到 25%，您就应该“对症下药”，设法克服；如果错误率达到 50%，您就必须予以高度重视。

# 二　工欲善其事，必先利其器

## ——良好的记忆力是复习应试的基础和保障

许多家长经常抱怨，自己的孩子记性不好，学过的东西记不住，或者平时记得好好的，一到考试就忘了。小学阶段的学习，以基础知识和基本技能的学习为主，很多东西依赖于记忆，因此，记忆能力在小学生的学习中起到举足轻重的作用。古人云："工欲善其事，必先利其器"，如果我们将复习应试比作是打仗的话，那么，有了良好的记忆力就等于有了精良的武器，良好的记忆力是复习应试的基础和保障。许多人认为，记忆力是天生的，是父母给的，于是，记忆力不好只能怨天尤人。那么，到底什么是记忆力呢？人的记忆力是不是天生的呢？在这一章里，我们将向您介绍记忆的原理和奥秘。

## 了解记忆的奥妙

### 您知道什么是记忆么

我们在学习、工作和日常生活中感知过的景物、阅读过的诗文、体验过的情感、从事过的活动、交谈过的话题、思考过的内容、经历过的事情，都会在头脑里留下不同程度的印象，并能在以后的生活实践中被回想起来；或当它们重新出现时，被再认出来，这就是记忆。换句话说，记忆就是过去经验在我们头脑中的反映。

记忆的基本过程总是先识后忆。心理学家把记忆的基本过程分为识记、保持、回忆（或再认）三个基本环节。

识记是指识别和记住事物或材料的过程，如我们看见了一幅图画，一个生字，一首诗，一个人的相貌，一家商店的门脸，把它看清楚、认准确，记在头脑里，这就是识记。

保持就是指获得的知识经验在头脑里的存放和储存过程。

回忆和再认是指在不同情况下恢复过去经验的过程。经历过的事物不在眼前，我们能把它重新回想起来的过程称为回忆。例如，小学生学过的生字、诗词、公式、定理，不需要看书能把它背诵出来就是回忆。经历过的事物再度出现时，能把它认出来的过程，就是再认。例如，学过“魑魅魍魉”这四个字的小学生，写不出这四个字，我们说他对这四个字不能回忆，但如果他能从一大堆词语里挑选出这四个字，我们说他对这四个字虽不能回忆，但能够再认。由此我们可以看出，回忆的难度比再认的难度要大一些，能够回忆的事物就一定能够再认，而能够再认的事物则不一定能够回忆。考试中，在几个可供选择的答案中挑选出正确答案，比默写出正确答案的题容易做对，原因就在于前者对正确答案的记忆要求只要达到再认水平就可做对，后者对正确答案的记忆要求必须达到回忆水平才能做对，只达到再认水平就不一定能做对。

人类的大脑就像是一个分类精密的档案柜，里面收藏着数不清的资料。在日常生活中，不论人们见到什么、听到什么或是读过什么，所有这些信息，都要经过大脑的适当编码，分门别类地储存起来。大多数信息经过简单处理后，给予感觉储存或短时储存，而一些重要的信息则经过进一步的编码，进入长时储存。

在这个分类归档的过程中，记忆功能起着重要作用。它会自觉地协助人确定哪些信息一时无用，或根本没有用，从而把它们摒除在记忆之外，或者把它们搁置起来，从而不使这些无用的信息充斥在人的记忆中。同样的道理，记忆也会自觉地协助人确定哪一类信息更有用处，把它们置于信息档案的前排，使这些有用信息处于待命状态，随时可以发挥效用。

# 记忆的类型

大体上，每个人都有自己特有的记忆类型，这些类型包括：视觉型、听觉型、运动型、混合型等。

1. 视觉型

这是借助视觉来记忆事物的类型。在同样的视觉记忆中，有的人对形状的印象深，有的人对颜色的印象深。

在让人看许多红的正方形和蓝的圆形时，有人借助红和蓝的颜色来记，有人则通过正方形和圆形这类形状来记，方式各不相同。

一般说来，人的记忆以视觉型居多。人类的记忆信息中有70—80%是视觉型的。尤其是画家、设计师和技术设计人员，他们的视觉记忆能力特别强。对于这一类型的人来说，使记忆信息视觉化，对他们最为合适。

小学生大约在8岁以前以听觉记忆为好，从9岁开始，视觉记忆能力逐渐增强。

2. 听觉型

这种类型的人能很好地记住耳朵听到的内容。有些人的音乐感非常强，有很强的节奏感和旋律感，对于这些内容很容易记住。例如，常有这样的人，英语很不好，却能附和爵士音乐的节律，很容易地记住英语歌词。当然，盲人具有非常发达的听觉记忆能力。

现代的年轻人，从小时候起就喜欢音乐，因此这一类型的人在增多。

听觉记忆能力可以通过训练产生。例如，电话接线员能分清很多不同人的声音，工厂的机械工人借助锤子敲打机器的声音，判断机器有无故障。这些能力都不是天生的。

3. 运动型

这是通过动作来记忆事物的类型。这类人的手很灵巧，做过的各种体育动作或艺术技巧都能马上记住。

运动型记忆的特点在于：它是通过整个身体运动器官的活动来记忆的，一旦记住就很难忘掉。像游泳、滑雪、骑自行车等动作，一旦记住便终身难忘。

**4. 混合型**

混合型是指视觉型、听觉型、运动型这三种类型的混合体。

但是，这一类型是不平衡的，大都偏向于某一种类型。既使是视觉型强的人，也不仅要用眼看，还要用嘴读，用耳听，用手写，以构成立体的印象。

为什么英语单词本身比它的意义容易忘记呢？原因之一就是在学习单词时，大都只使用一种感觉——视觉。如果能通过多种感觉来进行记忆，也许能记得更好。

## 小学生记忆的特点

儿童进入小学后，开始系统地学习。学习活动给记忆提出了一系列新的要求，如儿童需要识字、背诵课文、算题等等。这些都促使小学生的记忆在质和量上获得很大的发展。

从记忆的量上说，小学生识记的效率在不断提高，记忆能力比学前儿童有了很大发展。

从记忆的质上说，小学生记忆的目的性、记忆方法和记忆内容，与学龄前儿童相比，都发生了本质的变化。

第一，有意识记逐渐超过无意识记，成为小学生的主要识记方式。

初入学的儿童，还不善于掌握自己的记忆活动。该记的东西往往不能适时记住，该回忆的时候，往往不能适时重现出来。但是，学校要求他们把学习当作一种任务去完成，这样他们的记忆就必须服从学习任务。因而，从无意识记占主导地位发展到有意识记逐渐占主导地位，这是小学生识记发展的一个质的变化。这个变化是在整个小学阶段逐步实现的。小学低年级的孩子，依然是无意识记占主导地位，识记的有意性、目的性还很差，识记常常离开了学习任务的要求。他们能很好地记住自己感兴趣的东西，对不感兴趣的而需要学习的东西，却不易记住。

识记也缺乏自觉性，老师叫写才写，老师叫记才记，分不清教材内容的主次，不知道哪些应该详记、牢记，哪些可以从略。在教学影响下，小学儿童识记的有意性、目的性逐步发展。中年级以后，儿童学习目的逐渐明确，有意识记日益发展，逐渐占主导地位。

第二，从识记内容来看，词的抽象记忆在迅速发展。

小学低年级儿童对具体的、直观的材料容易记住，对抽象的词、公式和概念的识记有较大的困难。例如，给他介绍地理知识，如果不给地图，他们对地名、地理术语的记忆就很困难。在学习中，他们必须记忆的几乎全是用词表达的材料，他们必须记忆事物发展的规律、抽象的概念、原理和法则等。因此在教学影响下，小学儿童的抽象记忆能力在迅速发展，但小学儿童在识记抽象内容的材料时，仍需要具体形象材料的支持。小学生容易记住那些以直观形象为支持的材料。而对理解了的材料，不易记住那些不与具体事物相联系的概念、定律。因此，家长必须注意在具体事物的基础上，发展小学儿童的逻辑记忆能力。

第三，从记忆方法看，意义的、理解的记忆逐渐发展。

6—8 岁的孩子更多是运用机械识记，他们在背书时，常常是从头到尾，逐字逐句地反复背诵，实验表明，小学一年级儿童识记时只注意事物的外部联系，反复背诵的平均占 72%，利用意义联系来识记的仅占 28%。之所以如此，是小学生心理的各方面都处于幼稚阶段，他们的知识经验贫乏，理解力差，思维发展水平还较低。因此，对于他们来讲，机械地背诵学习材料比按意义识记学习材料更容易些。在教学影响下，随着儿童知识经验、言语表达和概括能力的发展，儿童的识记能力会迅速改善，儿童能改变单纯依靠机械反复的识记方法，学会从意义上、逻辑上掌握学习材料，采用意义识记。由于各科教材内容要求他们必须在理解的基础上识记，必须学会分析事物的主次方面，找出事物的内在联系，并对所识记的材料进行逻辑思维的加工。高年级以后，意义识记逐渐占主导地位。

# 记忆的作用

## 超强记忆能力是早慧的重要标志

儿童掌握社会经验和各种知识、技能，以及从事各种活动，都与记忆活动有关，记忆能力是衡量儿童智力水平的重要内容。早慧的孩子往往都有很好的记忆能力，而良好的记忆应该具有识记的敏捷性、保持的持久性、记忆的正确性和准确性。

记忆是智慧之本，它并不是一种天赋，而是一种特殊的技巧。有些小学生可以采用有效的方法把所学的知识贮存起来，做到毫不费力地学习和准确地记忆；而有些小学生却无法获得这种成功。对此家长往往认为是孩子的记忆力不好。其实，具有超常记忆力的原因并不在于他们具有贮存信息的能力，而在于进行贮存的方式。这可以使人表现出一种非同寻常的记忆技巧。

为了增强记忆能力，人们做了许多的研究，其成果可以归纳为这样两点：第一是将注意力集中在最小的细节上，这样可以搜集到许多可供记忆的线索，这种携带信息的思维链越多，就越容易回忆；第二是系统地检查所要学习的内容，对每个重要的细节都要给予足够的重视。父母可以把这种技巧教给孩子，但是不要作为一个单独的科目来辅导，而是要让孩子从父母分析信息、贮存信息的方式中得到启迪。

一个人的记忆对智力的发展有着重要的作用，是智力诸因素借以发展的基础。正是由于有了记忆，孩子学会说话、数数、唱歌、画画、游戏，并能在各种环境中活动，在活动中获取知识，有人说记忆是“智力活动的仓库”，这是很恰当的。在平时人们常常把记忆力好的孩子称为聪明的孩子，这是有一定的道理的。

近年来人们经常提到的那些智力超常的孩子，无论他们各有什么不同的特征，有什么专长，但有一点却是他们所共同具备的，那就是非凡的记忆力，因此，我们说记忆力强的孩子智力好是有一定道理的，而智力发展好，其记忆力必定强则是肯定无疑的。

## 记忆好才能学习好

我们做任何学问，都需要用到记忆。“博学强记”是读书人成功的条件之一。

我国东汉有一位名叫贾逵的人，他直到5岁还不会开口说话。有一次，他的姐姐听到隔壁的私塾传来琅琅的读书声，就抱着贾逵隔着篱笆倾听。贾逵每天都专心地听着，他的姐姐看了也非常高兴。到了贾逵10岁时，有一次，他的姐姐听到他正在暗诵五经，就问他说：“我们家这么穷，也没有为你请过老师，你怎么晓得天下有《三坟五典》，而且都会背诵呢?”贾逵回答说“记得以前姐姐你抱我到篱笆边，听隔壁的人读书，那时候我就把它们全部记下来了，我再反复地背诵，都不会有所遗漏。”于是他就将庭院里的桑树皮剥下来，裁成薄片，边诵边写。经过一年的时间，他已通晓五经及其他史书。

贾逵暗诵五经的事被传为美谈后，有许多人不远千里来拜他为师，甚至有人背着儿子来求学，也有人在他家附近租房子住。当时学生赠给他的束修，堆满了他家的屋子。而贾逵都是用嘴巴来向他们传授的，因此，后人称他的教学方式为“舌耕”。

不仅做学问、读书需要记忆力，在社会上做事也极需要记忆力，如果你能记住别人的名字和相貌，就容易和别人建立友谊，如此可以增强别人对你的信心以及自己的工作能力。尤其是小学生，特别需要良好的记忆力。

记忆力的好坏，往往是事业、学业是否成功的关键。古希腊的思想家亚里士多德就曾说过“记忆是智慧之母”。他曾为他的学生亚历山大大帝的记忆力下过一番功夫，因而帮助他开创了历史上第一个横跨欧、亚、非的大帝国。

历史上有许多名人的记忆力都很好。例如，梁代的昭明太子萧统在5岁时就已遍读五经，而且都能背诵，读书一目数行，过目不忘。唐朝的玄奘，在13岁时，就到洛阳出家为和尚。他在净土寺向严法师学“摄大乘论”，听了一遍，再看一次，就能全部背诵，并了解经文大意，大家都感到很惊奇，于是，要他易座复述一遍，结果依然十分流畅，一字不漏。

此外，法国的拿破仑也具有超人一等的记忆力。他把法国海岸的大炮种类和位置记得非常清楚，甚至还纠正手下的报告书，使得手下大吃一惊。他还记得邮递的路线和距离，并将它们写下来交给邮政大臣，这些东西连邮政大臣自己也搞不清楚呢！闻名于世的美国富商洛克菲勒、卡内基，政界的林肯、罗斯福以及英国名首相丘吉尔等，都有极强的记忆力。

# 记忆的训练

## 记忆力的好坏不是天生的

有许多小学生和家长认为：“就如同人一生下来，头脑有好有坏一般，记忆力的好坏也是天生的！”但是，心理学研究证明，记忆力的好坏绝对不是天生的。

有时候也可以听到这样的话：“他的记性一定好，你看他长了那么个大脑袋！”

猛一听这些话好像都不错，猫啊、狗啊、兔子啊，脑袋都比人小，它们的记性也不如人。老鼠的脑袋就更小了，它们的记性之差简直到了“舆论公认”的地步。

然而，小学生们都很佩服大数学家、大文学家、大物理学家，他们都博闻强记，他们的脑子是不是要比平常人重呢？不一定。例如，发现了许多数学定理和公式的德国大数学家高斯，脑重1492克，只比人的平均脑重稍微重一点，闻名世界的意大利诗人但丁，脑重1420克，几乎就和人的平均脑重完全相同。以发现相对论而著称于世的大物理学家爱因斯坦，去世以后，美国科学家们一直在研究他的大脑，可是并没有发现他的脑子与普通人有什么不同。如果这还不能说明问题，那么世界著名的波兰大音乐家肖邦，脑重1352克；法国著名作家法朗士脑重仅1017克，比一般人差不多轻了400克，但这根本没有影响他记忆和积累丰富的创作素材。

与此相反，到今天为止，世界上有资料记载的人脑的最大重量是2850克，超过了作家法朗士脑重的一倍，可这个人竟是个白痴！

关于人脑大小与记忆关系的问题，在历史上曾经引起过许多人的注意，并进行了多次讨论，但是从来也不能把“脑袋大就是记性好”作为定论。曾经有一个奥地利医生叫伽尔，据他说，摸摸脑袋，看哪一部分大，哪一部分形状如何，就可以了解一个人的智力发展如何，记忆力是否好，甚至连脾气、性格，是大方还是小气，都可以判断出来。他不但认为脑袋大就聪明，而且特别强调大脑门和膨胀成圆顶形状的头顶，是智力发达的象征。他和他的追随者还为此创造了一整套理论，叫“颅相学”，在历史上曾经风行一时，猛一看他把头脑的外部特征和大小区分得这样细致，依此判断人的智力和行为，好像真有什么根据似的。事实上这是一种假的科学，说穿了，这种“颅相学”跟中国的算命先生看手相算命大同小异，都是没有科学根据的。事实总是对不讲科学的人给予极大的讽刺，如果说伽尔能够发明“颅相学”，他这么聪明有能力，他的脑袋一定比平常人大得多，实际上恰恰相反，伽尔的脑袋很小，比一般人脑的平均重量轻了15%。

中国科学技术大学少年班的小学生们学习很好，记忆力都很强，这是大家都知道的。我国心理学家曾仔细观察他们的头部，他们的脑袋有大有小，并不相同，可是总的看起来与一般小学生差不多，并非个个都是大脑袋。

在英国谢菲尔德大学还出了一件怪事，在那里发现了一名记忆过人、智力非凡、成绩出众的数学系学生。可是经医生检查，发现他几乎是一个没有大脑的人。从外表上看，他的头真是大得不寻常，但是深入检查的结果却发现他的大脑只相当于普通人大脑的1/45。

看来，由于人的大脑极其复杂，不仅不能凭脑的外形大小来推断人的记忆力好坏，而且也不能从大脑的重量多少来推断人的智力发展情况、判断记忆力强不强。那些因为自己脑袋小而懊恼的小学生大可放下这个思想包袱。

如果一边进行学习和记忆，一边担心自己的记忆力天生不如别人，埋怨自己的记忆力差，反倒恰恰会影响自己的记忆效果。所以有些教育家认为，对自己的记忆力缺乏信心“往往会在儿童身上引起真正的健忘”。想要增强记忆力吗？首先就要充满信心。

## 记忆力是可以训练的

记忆力是可以通过训练来提高的。无论在学习或工作中，有的人的记忆力好得出奇，这不是这些人的脑子特别好，而是他们能天长日久地训练自己的记忆力，脑子中的记忆方法越来越多，结果，记忆力就非常好。

这就是说，记忆力就像身体愈锻炼愈健康，手越用越灵巧一样，是可以通过训练而增强的。

有人经常说，“最近记忆不好”，“从小时候起记忆就不好”。与其下这样的断言，倒不如首先去努力训练。

从没有练习过拳击的人，不可能突然成为一个好拳手。

从没有跳过舞的人，不可能突然成为优秀的舞蹈家。

从没有演奏过乐器的人，不可能突然成为一个出色的音乐家。

从没有摸过打字机的人，不可能突然成为一个娴熟的打字员。

从没有进行过记忆训练的人，不可能突然具有超强的记忆力。

总而言之，任何一种能力的培养，都得从掌握方法做起，逐步掌握规律和摸到窍门。人们记忆能力差异之所以这样明显，主要是因为他们对记忆方法的掌握程度不同罢了，因此，要想成功地改进你的记忆能力，关键在于通过训练掌握记忆方法。

本章将向广大家长和学生详细介绍一系列奇妙的超级记忆训练方法，当您仔细阅读、认真理解了这些方法，并按照要求循序渐进地训练您的孩子后，他的记忆潜力将会得到很好的开发，对记忆的材料很少遗忘，经过一定间隔时间的几次复习，甚至可以达到数月数年不忘。从而能使他在记忆上节省许多时间，事半功倍。他也因此而具备了令人感到惊奇和振奋的超级记忆能力。

## 超级记忆训练的科学依据和原理

大脑记忆形象材料大大优于抽象材料，这已被心理学实验所证明。所谓形象材料，是指感知后能在大脑里留下具体形象的材料，包括视觉的、听觉的、味觉的、触觉的形象材料，如图画材料、实物材料、模型材料等就是视觉形象材料，酸、麻、苦、甜、辣则是味觉形象的材料。所谓抽象材料，是指感知后不能在大脑里留下具体形象的材料，如以文字符号、语音符号、语言意义、公式定理、逻辑思维过程为内容的材料就是抽象材料。心理学的实验结果，一方面揭示了“人脑记忆形象材料大大优于记忆抽象材料的效果”这一规律，另一方面则提供了人脑主动运用和遵循这一规律，必将大大提高记忆效率的推论，这正是超级记忆训练的依据。

1981 年获得诺贝尔医学奖的美国心理学家斯佩里博士在关于大脑左右两半球有明显的分工且功能不同的研究上，有突出的功绩。他从事了近 40 年切断胼胝体后的“裂脑人”的研究，从中积累的大量科研病例和科学数据，证明了语言、抽象逻辑思维的功能主要由大脑左半球担负，形象感知和形象思维的功能主要由大脑右半球担负。换句话说，大脑左半球思维或记忆的材料内容主要是语言、数理关系、逻辑关系、数字符号、公式等抽象的材料；大脑右半球思维或记忆的材料主要是事物的形象、形象的联系、音乐形象、空间位置和空间形状等形象的材料。除了斯佩里的研究外，潘菲尔特和科恩等人的实验和研究也证明，抽象思维和言语记忆的功能，由大脑左半球担负。形象思维和形象记忆的功能，由大脑右半球担负。根据这些实验研究的结果，分析千百年来人们惯常使用的记忆方法，不过只是运用了大脑左半球担负抽象思维和储存言语记忆的功能，而没有充分运用大脑右半球担负形象思维，储存形象记忆的功能和形象材料容易记忆的规律，顶多也只是被动地偶尔在某些方面适应了大脑右半球的功能。

千百年来，人们使用的记忆方法不外乎机械记忆和理解记忆两种，记忆的材料不外乎形象和抽象的语言材料两种。而在人们的学习和工作中，需要更多地记忆的，则是大量抽象的语言材料。机械记忆记的是没有理解的语言文字、公式符号等内容，这些内容仍是抽象的，由大脑左半球负担；理解记忆记的是理解了的语言文字、公式符号、概念定理的记忆。表达这种意义的载体是语言文字和公式符号，虽然记忆者理解其意义，但意义本身也是抽象的，因而记忆者记忆的内容仍是抽象的，仍由大脑左半球负担。因此，多少年来，从人们在学习和工作中惯常运用的记忆方法看，无论是机械记忆，还是理解记忆，大多数情况都是靠大脑左半球负担，大脑右半球则闲着，或只起被动的辅助和衬托作用，没有去挖掘和充分发挥大脑右半球担负形象记忆功能的作用，没有主动地运用“大脑记忆形象材料大大优于记忆抽象材料的效果”这一规律。而只是当识记材料本身是形象材料的，才被动地适应了这一规律。因而人们在记忆的效率上，尤其是在记忆抽象繁难材料的效率上，大多处于记住了没多久就遗忘，遗忘了又再记，记住了不久又遗忘的状况，记忆保持率总是不能取得突破性的提高。由此可以推论，大脑右半球担负和储存形象记忆的功能一旦得到主动运用和充分发挥，人的记忆效率将得到突破性的提高，这正是超级记忆训练的重要科学依据。

超级记忆训练的原理就是按照大脑左右两半球分工不同、功能不同的科学依据，充分挖掘和开发大脑右半球担负和储存形象记忆的功能，使大脑左右两半球在记忆时共同发挥作用，让大脑主动地运用“人脑记忆形象材料大大优于记忆抽象材料的效果”这一规律，从而达到开发大脑记忆潜力，实现突破性提高记忆效率的目的。

超级记忆训练，由多种具体的方法组成，其中，有的方法不但记得快，而且忆得快；有的方法在记的时候虽然不很快，甚至比机械记忆（或称死记硬背）还慢一些，但一旦记住并经过一定的复习之后在保持时间、保持数量及完整性和准确性方面，均大大优于机械记忆的效果。这已被心理学家的科学实验所证明。

超级记忆训练能使我们记得快，忆得快，或者虽然记得不很快，但其主要功效是能开发人的记忆潜力，保持数量高，保持的材料比较完整准确，保持的时间长久，通过一定次数的复习，就可达到数月不忘甚至数年不忘，能大幅度提高记忆效率，真正达到事半功倍。

# 三　让您的孩子具有博闻强记的能力

**★博闻强记不是梦**

**★你也可以成为拿破仑**

**★世上无难事，只怕有心人**

我们不必一味地羡慕那些名人的博闻强记，其实我们每一个人的记忆力都有很大的可以挖掘的潜力。前面提到拿破仑的记忆力固然是令人大吃一惊的，但我们每个人经过一定的训练之后，也可以达到这样的水平。

进行记忆力训练，首先要查明记忆力的现状。您的孩子是记得很快呢，还是要很长时间才能记住？记住了的信息能长久保持不忘呢，还是很快就忘得干干净净？您的孩子比较易于记住的是什么？是人的相貌，还是数字？是有逻辑联系的信息（如文章等），还是没有这种联系的信息（如术语、数字）？

下列诊断测验可以在一定程度上帮助您回答这些问题。当然，这个测验并不足以全面地反映孩子的记忆效率。但是，只要老老实实地按照试题的要求去做，就可以从中看出他开始训练时的记忆水平。到训练结束时，通过后面的验收测验，您将会看到您的孩子的记忆效率提高了多少。

不要被这练前测验的难度所吓倒。只要您提醒孩子认认真真、老老实实地完成本书中的各项练习，到验收测验时您必定会又惊又喜地发现孩子的记忆力大有提高。

# 测测您孩子的记忆力

为了进行记忆力的诊断，我们设计了两套记忆力测验。

第一套测验主要是从记忆的内容方面进行测验的。根据记忆的内容，我们可以将记忆分为对数字的记忆、对单词的记忆、对文章的记忆和对图形的记忆。而这几种记忆在小学生的学习中都是非常重要的。通过这个测验，我们可以得知一个小学生擅长记忆哪些内容，不擅长记忆哪些内容。

第二套测验主要是从记忆的通道方面进行测验的。记忆的通道基本可分为视觉的、听觉的和触觉的。我们将从记忆的通道方面对小学生的记忆进行诊断，看看您的孩子在使用哪一个通道进行记忆时效率较高，在哪一个通道的记忆方面表现得不足。

## 练前测验（第一套）

★测验1：单词记忆测验

在日常生活中，我们常常要记住许多无直接逻辑联系的单词，例如，各种术语、任务、指示，各种家用物品的名称，各种事件等等。测验的目的就是检查一下小学生对这类信息的记忆能力。

请记忆下列20个词（连同其顺序号一起），规定记忆时间为40秒，40秒过后即行默写。

默写时连同顺序号一起正确默写出来，才算答案正确。例如默写“乌克兰人”这个词，如顺序号“1”没写，也不算答案正确。

1. 乌克兰人
2. 经济学
3. 粥
4. 纹身
5. 神经元

11. 油
12. 纸
13. 小蛋糕
14. 逻辑
15. 社会主义

| | |
|---|---|
| 6. 爱情 | 16. 动词 |
| 7. 剪刀 | 17. 缺口 |
| 8. 良心 | 18. 逃兵 |
| 9. 粘土 | 19. 蜡烛 |
| 10. 字典 | 20. 樱桃 |

现在来计算记忆效率。为此，请将默写正确的词数填入下式：

默写正确的词数 ÷20 ×100％ =……％

例如，假如默写正确的是 10 个词，那么记忆效率就是：10 ÷20 ×100％ =50％

★测验 2：数字记忆测验

请记忆下列 20 个数字（连同其顺序号），记忆时间也规定为 40 秒，然后即行默写。

| | | | |
|---|---|---|---|
| 1. 43 | 6. 72 | 11. 37 | 16. 6 |
| 2. 57 | 7. 15 | 12. 18 | 17. 78 |
| 3. 12 | 8. 44 | 13. 86 | 18. 61 |
| 4. 33 | 9. 96 | 14. 56 | 19. 83 |
| 5. 81 | 10. 7 | 15. 57 | 20. 73 |

按下式计算本项记忆效率：

默写正确的数字数 ÷20 ×100％ =……％

★测验 3：相貌及姓名的记忆测验

请记忆图 3—1 中的 10 个头像及其姓名，规定记忆时间为 30 秒。

然后遮住图 3—1，说出图 3—2 各头像的姓名，图 3—2 的头像和图 3—1 的完全一样，只是排列顺序变了，头像旁的姓名也去掉了。

下面数一数您孩子默写正确的姓名数。姓和名都默写对才算正确。然后按下式计算记忆效率。

正确答案数 ÷10 ×100％ =……％

★测验 4：对有逻辑联系的文学材料的记忆测验

现在来检查一下您孩子对文章的记忆能力。下列短文有 10 个要点，已有黑体字标出，并按①②③④……编了号。看过之后请依次默写要点。记忆时间规定为 60 秒。

图3—1

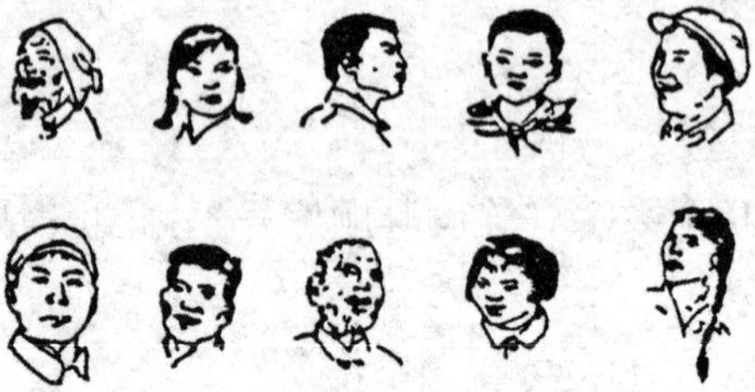

图3—2

## 蝴蝶岛

我国的宝岛台湾因为物产丰富，被誉为“米仓”、“糖库”及“水果之乡”。你是否知道，台湾还有一个“蝴蝶岛”的美称呢?

台湾岛所以被称为“**蝴蝶岛**”，是**因为岛上的蝴蝶**多①。全岛的蝴蝶有多少只，这是难以统计的。举一个例子吧，台湾西南部的高雄县有个美浓镇，这个镇有个叫蝴蝶谷的地方，以盛产黄色蝴蝶闻名。这种黄蝴蝶世世代代生长繁殖在这个山谷里，从不离开自己的故乡。据说，光是这个蝴蝶谷，**每年就能繁殖200万只蝴蝶呢**。②

台湾岛的蝴蝶不仅数量多，而且品种全。据粗略统计，大约有400**多个不同品种**③。主要有：大红纹凤蝶、蛇头蝶、红边小灰蝶、皇蛾阴阳蝶、黄裙凤蝶等等。蛇头蝶的翅膀上端长着像蛇头一样的图案，它双翅展开，足有洗脸盆那么大，是世界上**最大的一种蝴蝶**④。皇蛾阴阳蝶的样子不同于一般蝴蝶。它的翅膀既不左右对称，而且大小也不相同。更奇特的是：它的左翅膀为雌性，右翅膀是雄性。据说，这种蝴蝶在1

万只当中才能找到1只，**是极为少见的珍品**⑤。黄裙凤蝶是凤蝶中最美丽的一种。它的后翅有金黄色大花纹，在阳光下呈现出珍珠般灿烂夺目的光辉。这样的色彩是蝶类里独一无二的，被誉为**“蝶中皇后”**⑥。

由于台湾岛蝴蝶数量众多，品种新奇，**在全世界享有盛誉**⑦，这些蝴蝶有的被制成标本，供学生或科学家学习研究使用⑧；有的被制成**精美艺术品供人欣赏**⑨。这些标本和艺术品还**远销**欧洲、美洲和亚洲的**许多国家**⑩。

60秒过后便依次默写文中要点。记忆效率按下式计算：

默写正确的要点数 $\div 10\times 100=\cdots\cdots\%$

★记分与解释

首先，从这套测验中四项分测验的成绩的比较，我们可以看出您的孩子更擅长记忆哪方面的内容。测验1是对那些没有逻辑联系的单词的记忆，测验2是对数字的记忆，测验3是对具体图形的记忆，测验4是对有逻辑联系的文字的记忆。例如，一个孩子在第一个分测验上记忆效率为40%，在第二个分测验上记忆效率为60%，在第三个分测验上记忆效率为30%，在第四个分测验上记忆效率为70%，我们就可以认为他最擅长记忆有逻辑联系的文字，最不擅长记忆图形。这样我们对孩子进行训练时就会更有针对性。

我们也可以根据各分测验完成的情况计算平均记忆效率。将四个分测验成绩相加除以4即可。

例如，如果四项成绩分别为40%、60%、30%和70%，平均记忆效率便是：

$(40\%+60\%+30\%+70\%)\div 4=50\%$

## 练前测验（第二套）

★测验1：视觉记忆测验

下图中，排列了10项家庭用品。让小学生逐项看图，每项限时2秒钟。看完之后，立刻让小学生做下页计算表1的习题，限时30秒钟。

图3—3

最后再让小学生在20秒内回忆出原先看过的家庭用品。

如何判断回忆出多少项了呢?

计算表1

| | |
|---|---|
| 7 +2 +1 = | 8 ÷1 = |
| 2 ×3 ×1 = | 49 −41 = |
| 8 −5 −1 = | 6 ×6 = |
| 16 ÷2 ÷2 = | 4 +3 +1 = |
| 8 +9 −1 = | 10 −6 −1 = |
| 3 −2 = | 6 ×3 = |
| 10 ×3 = | 12 ÷2 = |
| 12 +1 +6 = | 49 −12 = |
| 3 +7 +1 = | 50 +5 = |
| 10 −2 −6 = | 60 ÷6 = |
| 16 ÷2 = | 6 ×9 = |
| 5 ×2 ×1 = | 12 +61 = |
| 6 ÷2 = | 100 −69 = |
| 44 ×1 = | 15 ÷3 = |
| 19 +4 = | 3 ×3 = |

计分及判断记忆力的方法在后面会做说明，但是现在最好将小学生回忆出的家庭用品正确的数量记下。

图中的物品是：锅、台灯、收音机、烟囱、切菜板、立体声音响、烤箱、小刀、桌子、铲子。

★测验2：听觉记忆测验

家长以2秒的间隔，对小学生高声而清楚地朗读以下10种家庭用品。接着给他计算表2，让他计算30秒。最后用20秒让他回忆出来。

图3—4

计算表2

| | |
|---|---|
| 1 +3 −2 = | 6 +3 +21 = |
| 6 +4 −6 = | 40 ÷5 = |
| 2 ×3 −1 = | 100 −49 = |
| 8 ÷2 +1 = | 21 −7 −7 = |
| 3 ×2 +2 = | 100 ÷5 −20 = |
| 4 +2 +6 = | 6 −4 +9 = |
| 1 ×2 ×5 = | 12 −10 +5 = |
| 12 +49 = | 8 ×8 −51 = |
| 5 +50 = | 12 +5 −12 = |
| 100 −59 = | 60 −29 −30 = |
| 41 +49 = | 20 ÷7 = |
| 6 +1 +12 = | 20 ×21 = |
| 20 ÷4 = | 8 +9 −12 = |
| 1 +9 −6 = | 30 −11 +1 = |
| 69 −26 +1 = | 49 −21 +1 = |

10种用具是：椅子、书架、杯子、有柄煎锅、澡盆、冰箱、酱油、铲子、窗帘、垃圾箱。请记下小学生回忆出的物品的数量。

★测验3：触觉记忆测验

预先准备好如图所示的10种家庭用品，这些物品是：菜刀、肥皂、锅盖、圆珠笔、杂志、抹布、橡皮手套、剪刀、黄瓜、纽扣（类似的东西亦可）。

由家长将小学生的眼睛蒙上，让他各用 2 秒的时间触摸这些物品。然后，给他计算表 3，让他计算 30 秒。最后用 20 秒让他回忆。

计算表 3

| | |
|---|---|
| 5 + 5 − 4 = | 7 + 3 + 10 = |
| 4 × 6 − 10 = | 5 + 5 = |
| 8 ÷ 4 = | 6 ÷ 3 × 2 = |
| 2 + 3 + 4 = | 50 − 40 = |
| 15 × 2 = | 4 + 1 + 5 = |
| 9 − 8 = | 99 − 9 = |
| 100 − 50 = | 30 ÷ 15 = |
| 40 ÷ 2 × 5 = | 5 × 2 × 1 = |
| 10 × 9 = | 6 − 3 + 7 = |
| 30 ÷ 3 = | 15 − 5 = |
| 5 + 5 + 5 = | 3 + 6 + 1 = |
| 20 − 10 − 3 = | 5 ÷ 1 ÷ 1 = |
| 5 ÷ 1 × 2 = | 3 + 7 − 2 = |
| 100 − 40 = | 30 × 3 = |
| 15 ÷ 5 = | 10 × 2 = |

图3—5

★测验 4：多通道记忆测验

这一次，让小学生进行看、听、读、触摸各物品的测验。

集中如图 3—6 所示的 10 种物品，这些物品是：皮带、筷子、铅笔、盘子、刷子、手表、书、花瓶、手纸、拖鞋。

先让小学生分别看、听、读、触摸各物品；

然后，用30秒让他根据计算表4进行计算；

计算表4

| | |
|---|---|
| 2+4+1= | 100−71= |
| 7×2+1= | 4+1+10= |
| 30÷10×5= | 3×2+4= |
| 10−8−2= | 10÷5= |
| 99−49= | 50−10÷4= |
| 75+25= | 100+35= |
| 100×10= | 27+73= |
| 88÷8= | 3×5= |
| 7+3−9= | 25×5−50= |
| 21+29−10= | 36÷9= |
| 88×1= | 75−15= |
| 20÷5−2= | 16+54+30= |
| 7−4−3= | 8+2+5= |
| 40÷4= | 20÷10= |
| 10×5×2= | 10−3−2= |

图3—6

最后，用20秒让他回忆。

记下回忆出的物品的数量。

★记分与解释

在图3—7的十字标尺上标上诊断记忆力测验的评价数字（回忆出的物品数量）。连接四点组成一个四边形。

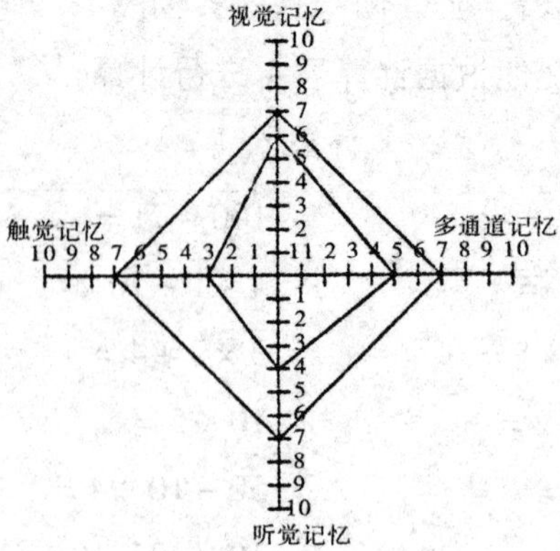


图3—7

例如，将测验的结果——测验（1）（视觉记忆）是3点，测验（2）（听觉记忆）是4点，测验（3）（触觉记忆）是6点，测验（4）（多通道记忆）是5点——连接起来并涂上颜色的四边形，就是该测验者的记忆力水平。从这个四边形上，我们可以直观地看出您的孩子更擅长利用哪个通道进行记忆。

做完上面的测验，您的孩子无论测验成绩是好，是中，还是差，都不要灰心。将来终究可以利用某些方法来大大改善他的记忆活动（他现在的记忆活动基本上还都是自发性的），从而大大提高他的记忆效率。同时，家长还要提醒孩子记住：只有不仅仅“读”这一部书，而且要在今后两三个月内的实际生活中运用这部书中所述各种增强记忆力的方法进行系统的训练，才能获得成功。要坚信，世上无难事，只怕有心人，功夫不负有心人。功夫下到十分，必有十分效果。

## 记忆热身操

在进行记忆训练之前，指导您的孩子先来做几节有助于提高记忆的热身操。

# 瑜伽呼吸训练法

## 1. 原理

瑜伽呼吸法,可以去除脑的疲劳,使精神清新,对增进记忆力很有益处。

## 2. 训练方法

★训练1:完全呼吸法

这一呼吸练习是一切呼吸法的基础。

首先,将腹部慢慢地用力深深收缩,将气完全吐出。吐气一结束,屏息1—2秒后,腹部放松。

这样一来,腹部由于从鼻腔自然吸入的气而鼓起。腹部鼓起后,接着将腹部伸展,使胸的下部吸满气。

随着胸的上部吸满气,腹部就自然收缩。到胸的上部吸满气,暂时屏息,不久慢慢呼气。呼气时,从腹部开始收缩,紧接着胸部亦收缩。

图3—8 完全呼吸法的图解

★训练2:屏息呼吸法

坐法不拘。将右手的食指放在眉间。首先,将气完全吐出,然后以右手中指按住左边的鼻孔,从右鼻孔吸气。

吸气一结束,再用右手大拇指塞住右鼻孔,完全屏息。屏息到不急促的程度,然后放开按着右鼻孔的大拇指,呼气,然后吸气。

图3—9 屏息呼吸法的图解

吸气一结束，再次堵住鼻孔，屏息。经过适当屏息后，这一次从左鼻孔呼气，然后由同一鼻孔吸气。

这样，交互使用左右鼻孔，按照吸气一、屏息一、呼气一的比例，反复进行三段呼吸。

习惯了这种三段呼吸后，屏息的时间可渐渐加长，三个阶段的时间比例可以为吸气一、屏息四、呼气三。

这种屏息叫“苦磨拔卡”，是瑜伽（气功）呼吸法的特征。对增进记忆力特别有效。

★训练3：发出声音的呼吸法

坐法随便，但脊骨要完全挺直。与屏息呼息法相同，作三段呼吸，不同的是在吸气时将喉半闭。

这样，呼吸时能听到抽泣时那样的摩擦声。两个鼻孔都可以开放。为了将喉半闭，吸气时，腹部不要鼓起，处于稍稍紧绷的状态。

图3—10 发出声音的呼吸法的图解

★训练4：风箱式呼吸法

首先，从鼻孔充分呼气。呼气一结束就快速地吸气，然后快速地呼出。一次呼吸所要的时间为1~2秒，吸气与呼气的时间比例为2:1，即呼气的时间为吸气的一半。

这种呼吸是从肺部处于真空的状态开始的，力量要用在吸气时，呼气时则任凭自然。这样快速呼吸10次后，静静地吸气、屏息，然后缓慢地呼气。

在作短暂的通常呼吸休息后，再按照快速呼吸10次接着屏息这样的顺序反复进行。刚开始练习时，做1~3次就可停止。

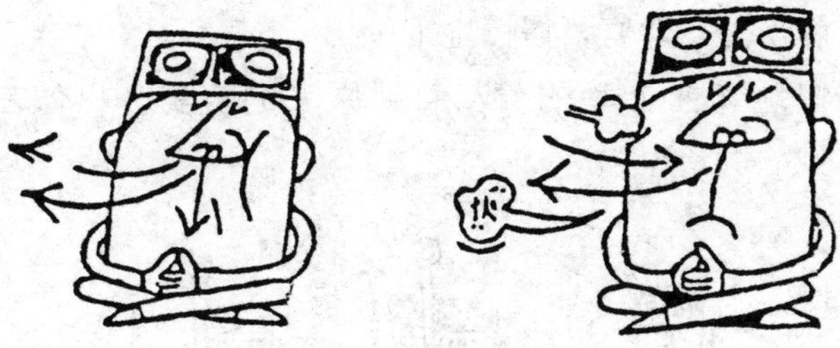

图 3—11 风箱式呼吸法

由于呼吸时发出强烈的声音，像风箱那样，因此叫“风箱式呼吸法”。这一方法对脑疲劳的恢复很有效果。

## 增进记忆力的单侧体操训练法

### 1. 原理

众所周知，脑的右半部分支配左半身，左半部分支配右半身。大部分人是习惯用手。从身体来看，左右的发展是不均衡的。左半脑掌管高级精神生活的大部分，右半脑起着协助它的作用。而且从身体的发育来看，右半侧是非优势的。若左半脑发生疲劳，容易发生无精打采、记忆力衰减、神经衰弱等状况。

因此，必须减轻左半脑的负担，加强右半脑的协调作用。

有很多学者主张，为了让右半脑发挥作用，提倡做左半身的体操。西欧学者在研究东方民族之所以优秀的原因时，发现东方民族在发育过程中经常做左手的练习。

另外，英国教育家发现，手的发展与记忆有联系。脑发展的研究者认为，双手使用可以使记忆显著地、永久地得到加强。另外，有些社会学家认为，人类迄今为止只是用大脑的一个半球来活动，若同时使用大脑两半球的力量，所完成的工作可达到惊人的程度。

### 2. 训练方法

★训练 1

(1) 全神贯注地站着，左手紧紧握拳，

（2）左腕用力，弯臂，慢慢地上举；

（3）慢慢地弯曲上举的臂，回到原来的姿势。只做左臂的曲伸运动。

步骤1　　步骤2　　步骤3

图 3—12　训练1的图集

重复做八次。

★训练 2

（1）仰卧；

（2）左腿伸直上抬；

（3）将上抬的腿倒向左侧，但不能碰到床；

（4）以相反的顺序回到原来的姿势。

重复做八次。

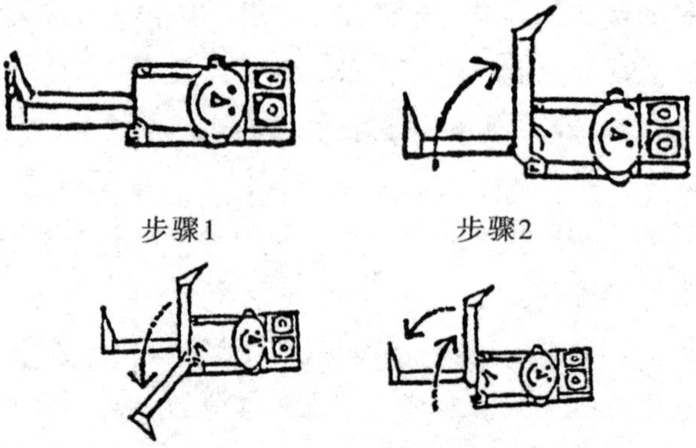

步骤1　　步骤2

步骤3　　步骤4

图 3—13　训练2的图集

★训练 3

（1）保持直立姿势，左臂向左侧平举；

（2）将左臂上举，头不动；

（3）以相反的顺序回到原来的姿势。

重复做八次。

步骤1　　步骤2　　步骤3

图 3—14　训练3的图集

★训练 4

（1）身体从直立姿势向左倒；

（2）以左手和右脚尖支撑身体。左臂伸直，身体倾斜，笔直横卧；

（3）弯左膝后起身，回到原来的姿势。

重复做八次。

步骤1　　步骤2　　步骤3

图 3—15　训练4的图集

★训练 5

1. 俯卧；

2. 跷起脚尖，像“俯卧撑”那样，用腕和脚尖支撑身体；

3. 弯臂，同时将左腿高抬，右臂尽可能不用力；

4. 慢慢地重复曲伸手臂两次。开始时做三次动作即可，目标是八次。

以上是单侧体操的要领。此外，作为左手的训练，可以“用左手进行书写练习”。还有很多其他练习方法，如将大豆放在盘子里，练习用左手拿筷子将大豆夹起，放到其他盘子里。拿东西时，尽可能使用左手，如练习用左手拿剪刀剪纸等。练习的效果在短期内就能出现。

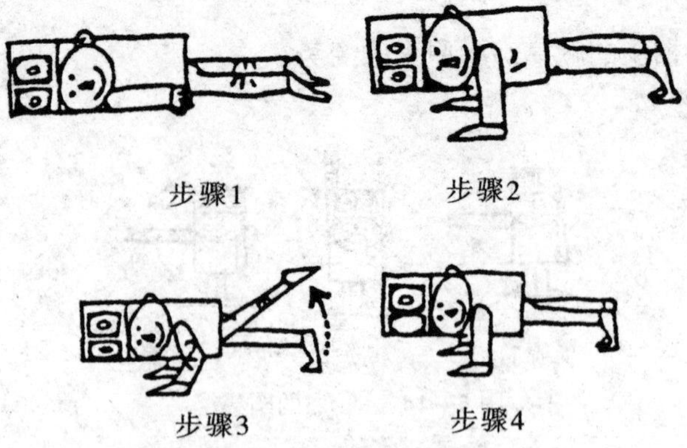


图 3—16　训练5的图集

## 信息接收训练法

### 1. 原理

要想合理地接收信息，首先，应明确地确定记忆的目的，选择重要的信息。要学会尽量明确地确定记忆的目的。要自我回答这样一个问题：我想通过接收信息达到什么样的目的？将注意力集中在接收这样选定的信息上。

其次。要充分利用感觉通道。在一切适宜的场合，都要尽力首先利用自己占优势的感觉通道（视觉或听觉）来接收信息。各种感觉通道利用得越充分，接收过程的效率便会越高。因此。在阅读或记忆文字类材料时，不仅要力求理解其内容，而且要尽量使之形象化。还可以摘录其要点。要放声朗读，并尽量带上感情色彩和一定的节奏。要试一试走动是否有助于你接收信息。在适当的场合要用嗅觉、味觉和触觉去试一试。

最后，培养兴趣。要设法使应当记住的信息变成自己极为感兴趣的信息，并且充分利用已有的知识经验。

### 2. 训练方法

★训练 1

下面的 3 栏中各有 21 个字，请分别记住他们，看看其中哪一栏所需的记忆时间最短？不妨实际用秒表计时。

A 栏

| |
|---|
| 的张有立历史的作品的皮影<br>成也颇是以单造型活 |

B 栏

| |
|---|
| 在这些天真质朴的民俗艺术<br>家之中以赵天锡最佳 |

C 栏

| |
|---|
| 老太太道地的内容多难为情<br>尤长于多参考不拘泥 |

训练 1 的解说

A、B、C 三栏当中，哪一个最容易记呢？显然是 B 栏吧。当某种事实或观念具有某些意义，而且有连贯的意思时，就很容易记忆了。

由这个训练可以得知，在记忆某项事实的时候，如果它具有重要的意义，我们对这件事实的记忆就清晰牢固。相反地，当我们在记忆一件不相连贯的事实或观念时，即使它分别具有一定的秩序和意义，还是很难记得牢。

★训练 2

尽量在 30 秒钟内记住下面的 8 种图形。拿秒表计时，30 秒一到，看你能记住几种。

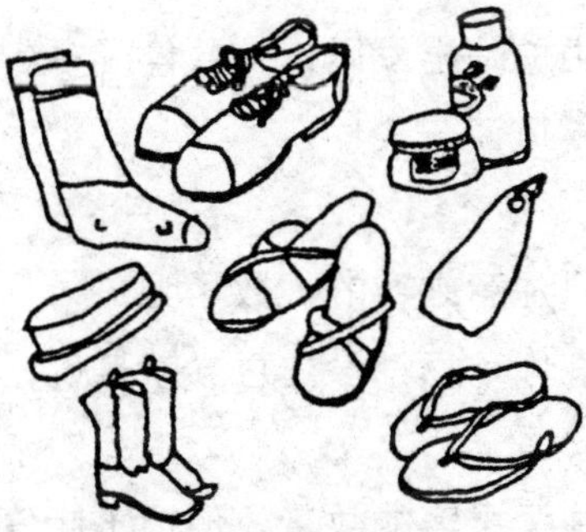

图 3—17　训练2的图集

训练2的解说

这个训练的主要目的，并不是在测验你能记住几个，而是要训练你怎样去记。

这些图虽然是分开的，可是它们彼此间却具有某种关系，你在记忆时看出来了没有?

当我们要记忆一些零零散散的东西时，不妨想想看是否有什么东西能把它们连贯起来。就拿这个训练来说，它们都是与鞋子有关的图。

不但图形可以用来联想，文字、数字都可以用来联想。家长如果能够辅导小学生再进一步地活用本书的各种记忆法，必定能把事物记得更牢。

★训练3

仔细阅读下面这段文字，然后回答问题。

有一辆公共汽车载了8位乘客由总站出发，开到了第4站。

在该站，有3个人下车，5个人上车。到了下一站，有4个人下车，5个人上车。

再下一站。又有4个人下车，但是没有人上车。

再下一站，有6个人下车，然后有2个小孩和他们的母亲上了车。

再下一站，又有2个人下车，并有11位老人上车。

再下一站，有9个人下车，4个人上车，其中有3位是女性。接着再下一站，没有人下车，但有4个人上车。

再下一站，有1个人下车，不过他又上了车。

问题：公共汽车由总站出发后，一共停了多少次?

记住，千万不能再重读一次!

训练3的解说

怎么样？大概你只注意乘客的人数了吧!

车停了几次？也许你一点都没注意。就是说，注意的不是停车的次数，而是乘客的数量。

其结果是，你记住了乘客的数量，但记不起停车的次数。

就是说，不注意的事物即使看了、听了，也会遗忘掉。换言之，我们想记忆，就能记住它。因此，希望你注意，具有想记住的意图比什么都重要。

★训练 4

下图中的英文字母是按照某一规则排列的。请依照它的规则，把其他的英文字母填入正确的空格内。

| | | | | |
|---|---|---|---|---|
| D | E | A | B | C |
| C | | B | C | D |
| B | E | E | D | E |
| A | D | C | B | A |
| E | D | C | B | A |

训练 4 的解说

| | | | | |
|---|---|---|---|---|
| D | E | A | B | C |
| C | A | B | C | D |
| B | E | E | D | E |
| A | D | C | B | A |
| E | D | C | B | A |

从右下面的 A 开始，向左方前进，ABCDE 呈螺旋状反复地绕向中心。如上图所示。

★训练 5

在下面的 A、B、C 三个方框中，各有若干文字。请分别背诵。看哪一个方框的文字背诵的时间最短？请计算一下实际的时间。

A 栏

| |
|---|
| **味秘是的前的言** |
| **取时以的利可他** |
| **开厌意米耳件** |

B 栏

| |
|---|
| **理条得安一活常将必** |
| **有有排切的生日须** |

C 栏

| |
|---|
| **酱飞风剪电香盐大** |
| **线** |
| **汤机车子杆烟豆米** |

训练 5 的解说

你对哪一个方框记得最快？大概是 B 吧！这就是说，将事实和概念联为一体，将它归纳为有意义的东西，就容易记住。

这一测验表明，与事实有关的记忆，取决于那一事实所具有的意义的程度。意义越是重要，我们就越能很好地记住那一事实。另外，单词作为单一概念，越是与前后建立起意义联系，就越能很好地记住。记一个一个孤立的、前后没有联系的事实及概念，比之于有秩序和意义、归纳为一定形式的记忆要难。

**【建议】** 这几种测验虽然不是直接训练如何去记忆某一个具体的事物，但这一套热身操会帮助您的孩子进入一种良好的有利于记忆的状态。就像运动员在正式训练之前要有一套热身运动一样，这套热身操对提高您孩子的记忆力也是必不可少的。

让我们一起来做热身操，

准备好，进入状态！

# 增进小学生记忆力的系列训练

## 视觉映像训练法

1. 原理

根据心理学家们的统计和研究：少年儿童，特别是小学生，擅长于具体形象的记忆。

在运用形象直观记忆的时候，也不要事无巨细、把所见到的东西都记下来。直观的、形象的东西容易给人留下印象，但有些并不是重要的。我们要学会观察事物的特点，捕捉事物的本质，在形象直观的基础上，概括出具有普遍性的结论，并且把二者联系起来记忆。这样才能更好地发挥形象直观记忆法的效能。

2. 训练方法

★训练 1

下面的图（图 3—18），在 6×6 的棋盘格中摆着 36 个围棋子，白子 9 个，黑子 27 个。

仔细看图 30 秒，然后请回答下面的提问。

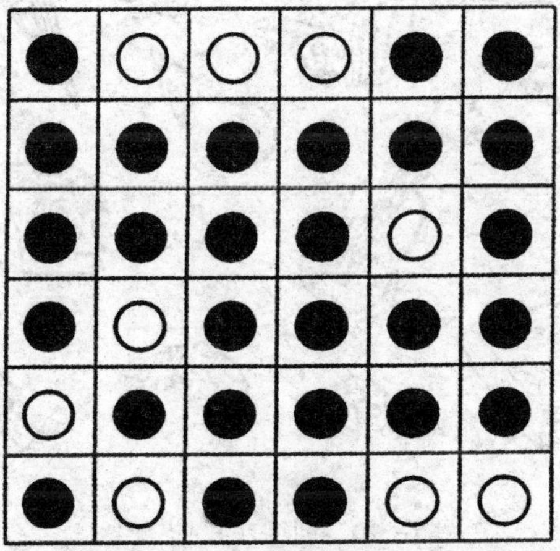

图 3—18　训练1的图集A

提问：

在刚才看的图中，白子在什么位置？请在下图3—19的相应位置打上○。

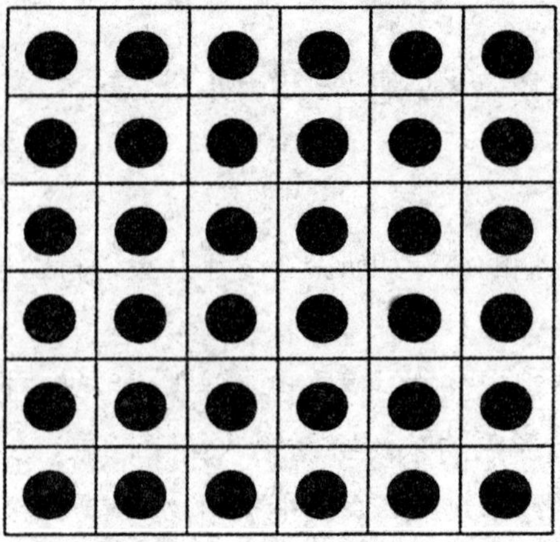

图3—19　训练1的图集B

★训练2

下图3—20绘有各种图形，请仔细观察，并记住它们。

图3—20　训练2的图集A

提问：

图3—20中的图形比图3—21中的图形少了两种，请想想到底少了什么。

图3—21　训练2的图集B

★训练3

请在20秒钟之内记住下面的6个图形。

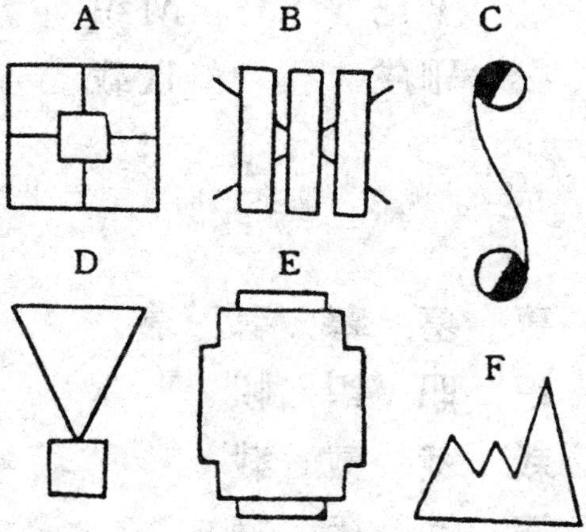


图3—22　训练3的图集A

提问：

下面同样也有6个类似的图形，请你判断它们与上图有何不同。

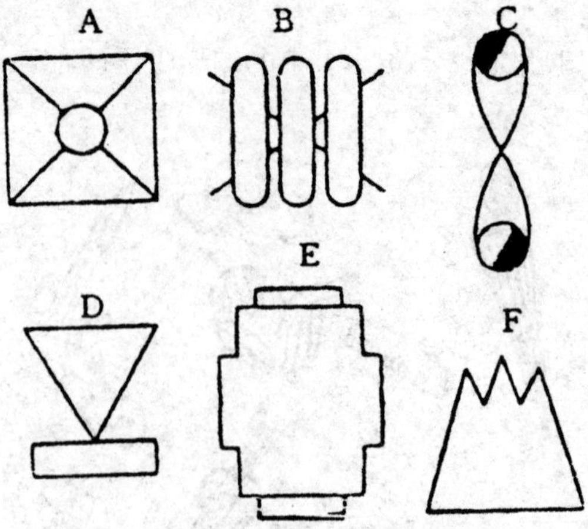


图 3—23　训练3的图集B

★训练 4

接着要做文字的记忆测验。请在 20 秒种内专心注视并记住由Ⅰ到Ⅸ的 9 个字。

**Ⅰ柱　　Ⅱ摘　　Ⅲ幕**

**Ⅳ桧　　Ⅴ已　　Ⅵ织**

**Ⅶ棣　　Ⅷ戊　　Ⅸ载**

提问：

请回忆所记过的字。现在，请将它们从下面Ⅰ至Ⅸ的字群中挑出来。

Ⅰ.　**募　墓　幕　暮　慕**

Ⅱ.　**识　职　织　帜**

Ⅲ.　**栽　裁　戴　载**

Ⅳ.　**滴　镝　摘　嫡**

Ⅴ.　**已　己**

Ⅵ.　**戊　戌　成**

Ⅶ.　**柱　住　注　驻**

Ⅷ. 柏 杉 松 桧 拍

Ⅸ. 桂 楠 棣

★训练 5

下面这张图可用来训练视觉集中的能力。请你在图上找出各个数字与字母的连线。

图 3—24 训练5的图集

★训练 6

下面排列了由 A 到 F 的 6 个图形，请注意看 20 秒钟，将它们记住。

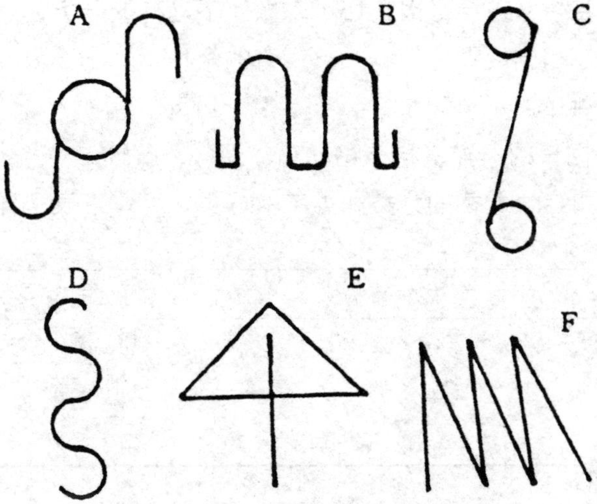


图 3—25 训练6的图集

提问：

请想出训练 6 中由 A 到 F 的 6 个图形，并将它们画在下面的空白处。

## 分类记忆训练法

### 1. 原理

若将必须记忆的内容分成容易懂的几类，那么记忆就要容易得多。采取分类的方法，不仅容易记住，而且分类工作本身就已经具有记忆的功能。就是说，并不是提高分类使材料变得容易记以后，再进行记忆，而是一边分类一边记忆。

例如：

狮子、云雀、野菊、猫、蔷薇、鸭、鸡、狗、豹、鹰、石竹、蓟。若将它们分类，谁都会分成以下几组：

（1）野兽组：狮子、猫、狗、豹

（2）鸟组：云雀、鸭、鸡、鹰

（3）花组：野菊、蔷薇、石竹、蓟

但是，若想增进记忆力，还可以做以下这样的分类：

就是说，能分成野生的和人类饲育的两种。

（1）野生的：狮子、豹、云雀、鹰、野菊、蓟

（2）能饲育的：猫、狗、鸭、鸡、蔷薇、石竹

因此，如综合最初的分类和第二次分类，可作下表那样的分类：

| | 能饲育的 | 野生的 |
|---|---|---|
| 野兽组 | 狗、猫 | 豹、狮 |
| 鸟类组 | 鸡、鸭 | 鹰、云雀 |
| 花组 | 石竹、蔷微 | 蓟、野菊 |

如果要记忆下列 10 种物品：猫、帽子、狗、挂钟、桌子、衣柜、眼镜、鹦鹉、鞋子和戒指。如果使用反复背诵的强记固然是一种方法，

可是往往过不了多久就会忘了。为了便于记忆，我们可以把上述的10种物品先加以分类，比如：猫、狗、鹦鹉是动物；帽子、眼镜、鞋子、戒指是穿戴在身上的东西；挂钟、桌子、衣柜则是家里的摆设。把这些物品一一加以分类之后，就很容易记忆了。

2. 训练方法

★训练1

某星期天，小王去买东西，来到了超级市场，发现买东西的清单丢了。

现在，将清单重新再现一次，请好好地看30秒，并记住它。

**①鱼肉山芋丸子②肥皂③砂糖④大豆⑤洗衣剂⑥苹果⑦面条⑧香菇⑨锅⑩萝卜**

提问：（1）纸条中的④、⑥、⑨的物品是什么？

（2）不能吃的东西有哪些？

★训练2

请在30秒内看并记住下图的9张图画。然后，回答问题。

图3—26　训练2的图集

提问：（1）哪些东西是能吃的？（2）哪些东西有生命？

★训练3

请在30秒内记住下图10张图画，然后回答问题。

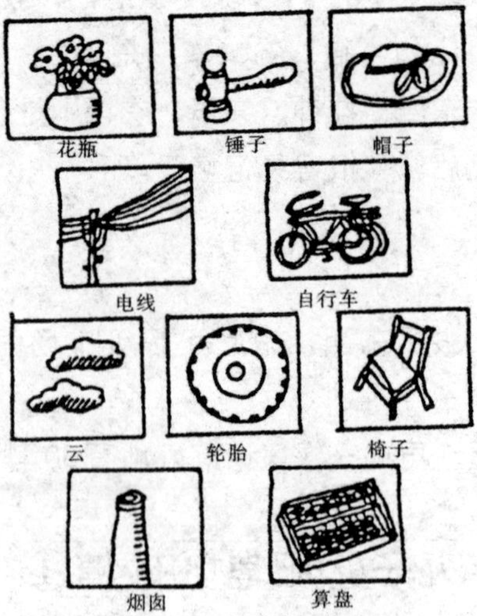


图 3—27　训练3的图集

提问：

刚才 10 张图画分别是什么？（不要求顺序正确）

★训练 4

这是一次交通事故。

用 60 秒时间看图 4—21，然后回答下面问题。

提问：

请回忆刚才交通事故的图画。

（1）事故发生的时间？

（2）目击者有几人？

（3）发生事故的是什么车？

（4）事故现场有没有除汽车以外的其他车辆？

★训练 5

下面有 12 张扑克牌。请在 30 秒内注意看这些扑克牌，并记住。30 秒一到，请回答下面的提问。

提问：

（1）扑克牌中有几张梅花。

（2）扑克牌中有几张 6。

图 3—28　训练4的图集

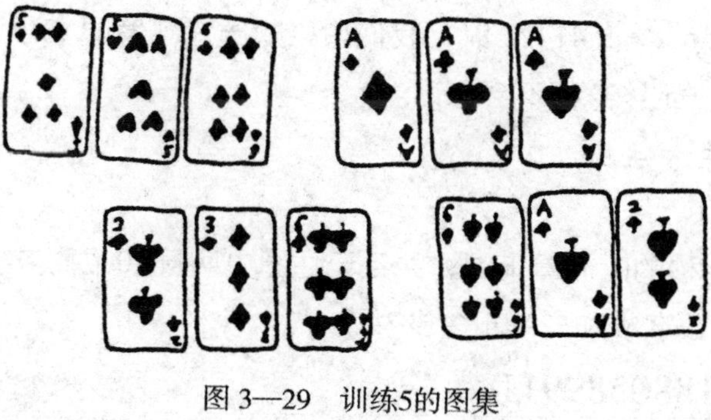

图 3—29　训练5的图集

# 数字记忆训练法

## 1. 原理

数字和我们日常生活的关系，已经到了密不可分的地步了。从我们每个人的身份证号、学号、电话号码，以及各种学科里的字、年代等等，这些都表明对于数字的记忆非常重要。

这里有一组毫不相关的数字：235812，孤立起来看，确实很不易记牢，但是，当你把它们分解开来时，你就会发现其中有些窍门“2”后边加上“1”，“3”后面加上“2”，“5”后面加上“3”，“8”后面加上“4”，用公式表示即成如下样式：

2 +（1）=3 +（2）=5 （+3）=8 （+4）=12

记住 1234，也就容易记住 235812 这六个数字了。

一位小学生对我说，他很快就记住了他的一个朋友电话号码：33329916。我很惊讶，问他是怎样记住的。他回答说。这组号码表面看毫无意义，但是，把它们分解成几个部分，并与自己所熟知的数字挂起钩起。就容易记住了。比如这组数字。3332 是他所居住的区域邮政编码，99 又恰恰是他所居住公寓号，他住在 16 号房间。几组数字一连起来正好是 33329916。

还有一种记忆数字的方法，就是在记忆时，赋予数字某种意义。例如当我们要背$\sqrt{2}=1.41421$时，我们如果赋予它“意思意思而已”的意义时，相信一定终身都不会忘记。

## 2. 训练方法

★训练 1

请用 20 秒的时间看下图，并且记住图中两行 10 位数字。若将 A 行数字与 B 行数字相加应等于多少？

**A**：1880589911

**B**：5982297130

这个题目完成后，请转到下面的问题。

提问：

（1）请写出刚才记住的 A 和 B 行数字的第一位和第十位数字。

（2）请从最末位写出 A 和 B 的数字。

★训练 2

下面排列着七个数字，全部相加是

10　408　088　229

请用 60 秒看，并记住下面①—⑦的数字，然后回答下面的提问。

①……………………………8 3 0 0 8

②……………………………3 6 9

③……………………………3 3 4 9

④………………………………8 1 2

⑤………………………………4 5 2

⑥………………………………4 6 8

⑦…………1 0 4 0 0 0 0 0 4 0 0

提问：

（1）③和④的数字是多少？

（2）⑦的数字是多少？

（3）请尽可能回忆出①—⑦的数字。

★训练 3

下列各数字按一定的规则排列而成，请把正确的数字填入空栏内。

①2 – 6 – 10 – □ – 18 – 22

②2 – 5 – 8 – 11 – 14 – □ – 20

③6 – 9 – 18 – □ – 42 – 45 – 90

④3 – 5 – 8 – 13 – 22 – □ – 72

★训练 4

每逢新学期开学的时候，都要做身体检查，测量身高体重。下面是 5 位小学生的对话。

请在 30 秒内把下面的对话记住。

“陈建民与张小华两人的体重是 90 公斤。”

“李玉生与冯常新两人的体重是 103 公斤。”

“冯常新与孟竹成两人的体重是82公斤。”

“孟竹成与费永泰两人的体重是88公斤。”

“陈建民、冯常新、费永泰3个人的体重是154公斤。”

提问：

请回忆训练4中，5位小学生的对话，并将正确的答案填入下面的空栏内。

“________与张小华两人的体重是________公斤。”

“李玉先与________两人的体重是________公斤。”

“________与________两人的体重是82公斤。”

“________与费永泰两人的体重是________公斤。”

“________、________、费永泰3个人的体重是________公斤。”

★训练5

在祖父的相册里夹着下边的一张纸条。可是，看了不到20秒就被风吹跑了，落到了水池里。

由于这一原因，请看条20秒钟，然后回答下面的提问。

在他的一生中，有$\frac{1}{6}$是少年，$\frac{1}{12}$是青年，$\frac{1}{7}$过独身生活。结婚后5年生了孩子，这孩子比父亲早死4年，只活了父亲年龄的一半就离开了人间。

提问：

记住前面纸条的内容了吗？那么，请填以下的空栏。

在他的一生中，有________是少年，________是青年，$\frac{1}{7}$过________。结婚后5年生孩子，________比________早死4年，只活了父亲年龄的________就离开了人间。

★训练6

从宇宙的彼岸飞落下来的UFO有一个不可思议的标记。

如仔细地思考一下，可以判明，每个符号都是由特定的数字组成的，如图3—30所示。

但是，这一便条拿到手后，只看了10秒就消失了。鉴于这一缘故，请你亦只看10秒钟，然后回答下面的提问。

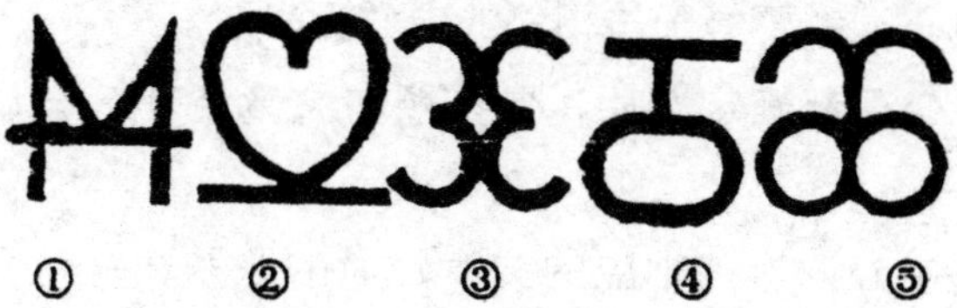


图3—30　训练6的图集A

提问：

（1）请写出图3—30中②、④的符号。

（2）写出①-⑤的符号。

（3）从①-⑤的符号都是数字。请指出这是些什么数字。

实际上，图3—30中每一个符号都是左右对称的。即，每个符号从中间分开，便是4、2、3、5、6这样的数字，如图3—31所示。

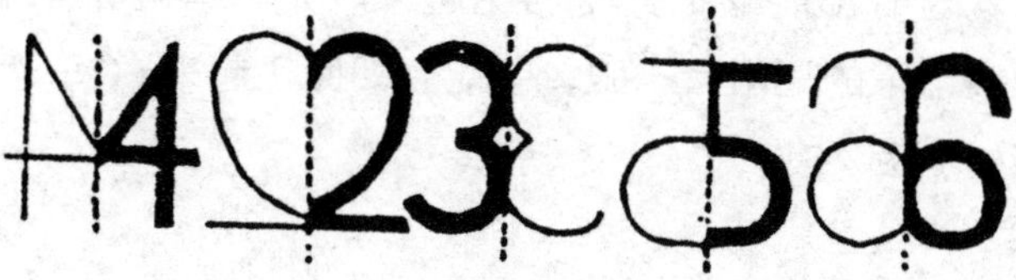

图3—31　训练6的图集B

若知道了这一点，记忆便顿然变得容易和明确。

## 串词训练法

### 1. 原理

当小学生在背诵课文或长篇文章时，常常需要利用串词，串词法的要领是：

1. 在内心或用打上记号的办法将文章分成几部分，每一部分要含有一个最重要的思想内容，做这项工作时，可以参照文章已有的划分法。例如，文章的自然段等。

2. 针对每一部分想定一个中心词。中心词数量不能太少，以免漏掉某个重要的思想内容；但也不能过多，以免词串太长。

3. 每个中心词都必须保证能够借以回忆起相应的那个部分的内容。

4. 每个中心词都要便于与相邻的中心词串联。

5. 所有中心词都确定之后，要按照与文章各部分先后顺序相吻合的顺序抄写下来。

6. 根据各中心词与其相应的文章片断的联系，针对各中心词提出问题。通过复习将这些联系牢牢记住。

7. 将中心词依次串联起来，为此要针对每一中心词提出问题，借以搞清各中心词之间的联系。对这些联系也要复习，直到记得很熟保证不会忘为止。

8. 将每个中心词同相应的文章片断和后接的一个中心词联系起来，然后对整个词串进行复习，直至把文章完全记熟为止。

经过这样熟记的文章，就可以放心大胆地撇在一边了。只要还记得那个词串，就随时都能够把文章回忆起来。万一有哪个中心词被忘掉了，只须朝抄下来的词串看一眼，就能立即回忆起来。

### 2. 训练方法

★训练 1

请仔细阅读下面的文章，并努力记住。

文中黑体字部分是挑出来作为中心词的词串。这些中心词已分别标上顺序号。

**司马光**①是宋朝著名的史学家，他小的时候，学习很**刻苦**②，日以继夜地读书，可是还**觉得时间太少了**③。他想：“我为什么睡那么多时间呢！早一点醒来，不是能多看点书吗？”他用圆木做了一个枕头，叫它**“警枕”**④。睡觉时枕着它，身子稍微一动，圆木就滚动起来，他醒了，就赶快起来看书。

提问：

请背诵这篇短文。

★训练 2

请仔细阅读下面这篇题为《你好啊，海南岛》的文章，并尝试记住它。文中黑体字部分是挑出来作为中心词的词串，这些中心词已分别标上了顺序号。

### 你好啊，海南岛

海南岛同大陆**隔着一个琼州海峡①**，最窄的地方只有18海里。天气晴朗的时候，从雷州半岛可以看见海南岛。这个宝岛的总面积有30000多平方公里，仅次于台湾，是祖国的**第二大岛②**。整个海南岛像一个雪梨，又**像一把打开的伞③**，中间高，四周的高度逐渐降低，伞的中央是巍巍的五指山。

海南岛是个宝岛，是祖国**南海的一颗明珠④**。在那里，椰子、槟榔、芒果、木瓜、香蕉等**热带水果到处都是⑤**；橡胶、油棕、咖啡、可可、胡椒等**热带经济作物遍布全岛⑥**。在**五指山区⑦**，有遮天蔽日的原始森林，有各种名贵的药材，还有珍贵的热带、亚热带动物。在**环岛的海洋中⑧**，盛产鱿鱼、马胶鱼、飞鱼、龙虾、麒麟菜，还有海石花、海盐和五光十色的海螺、海贝。在**平原地区⑨**，一年四季可以种植庄稼，水稻一年可收三次。花木四季常绿，鲜花四季常开。一句话，这是一座美丽的花园，这是一座**巨大的万宝库⑩**。

海南岛不但是美丽的宝岛，还是一个有着光荣**革命传统⑪**的海岛。

早在1926年，当地的汉族群众和黎族群众，在党组织的领导下，组成了**琼崖游击队⑫**，同国民党军队、日本侵略者进行了坚决的斗争，表现了中华民族威武不屈的精神。

海南岛是如花似锦的岛，是物产丰富的岛，是英雄的岛。

我禁不住面对大海高喊："你好啊，海南岛！"

提问：请复述本文的12个要点。

★训练3

请在3分钟内阅读下面的文章，尽量将它们记住。

（A）①<u>他们慢慢地向着那株松树走去</u>。路上，父亲不时转头凝望贝儿，他觉得贝儿穿上军服，做了军人，②<u>宛如一株树苗获得了阳光与水分的滋养，他是会逐渐长大起来的。</u>

（B）①<u>权力恰像一条大河，如果河水受约束，</u>那就既美丽又有用；可是当它泛滥到岸上，就一发不可收拾，②<u>所向披靡，冲到哪里就给哪里带来破坏，弄得一片荒凉。</u>

（C）①<u>翻开中华民族的历史来看，孝道不啻是贯穿着民族精神的</u>

一道无形的脉流。盖内发的人之至性，当莫过于孝思感人之深。②孔子有言：“君子笃于亲，则民兴于仁。”由人道伦常之首的孝行扩充出来的仁厚作为，关系教化之大，实非可言喻。

（D）①记得第一次来这个村子的时候，在村头上的小店附近下车之后，便进入一条狭窄的小巷，经几番的转弯抹角，才找到我们要来寻古的那座老庙。②当时正值雨季，整个小巷尽是一片泥泞，檐低路湿，十分难走。

（E）①这双球鞋是和我同进校门的，除了上体育课穿着它之外，每天晚上，它也陪伴我上操场。它已成了我生活的一部分，②我在日记中写它，在作文中也写它，犹如年轻绚丽人生的泉源，它使我充满生气，增加了活力。

（F）①宪法不只是一个名字，而是真正的东西。宪法不是一个理想，而是真正的实体。如果宪法不能产生一个具体的形式，那就是空洞的。②宪法是政府的先决条件。政府是由宪法产生的。国家的宪法不是政府的法令，而是组成政府的人民的法令。

（G）①离开了通霄精盐厂以后，我们乘4辆游览车，又前往苗栗镇，参观民营工业的新竹玻璃公司苗栗厂。公司的秦肇新总工程师从台北来接待我们，他是燕京大学化学系的毕业生，其能力和技术的高明，使新竹玻璃的质量不断地提高。②他报告了新竹玻璃公司成长的经过。

（H）至于清明节这天，①女孩子不被允许到坟地祭拜，这是大家共同的说法，林衡道并补充说，从前本省大户人家的妇女养在深闺、有的甚至做了祖母，还未见过祖坟。不过中下层的妇女，在男眷祭毕归返后，可相携前往踏青，这是件乐事，但须素服，②或有将墓旁树枝折簪于头上者，称为插青，此俗至今则已不多见。

（I）①良心是政府最好的管家。良心给人警惕、希望、酬报和惩罚，使一切都在正义的控制之下。忙碌的人一定要注意它的提示，有权力的人要听从它的指示，愤怒的人要忍受它的谴责。②良心做我们的朋友时，一切都很平静。可是一旦触犯了它，心里就永远不得宁静。

（J）那是就读初中的时候了。①我们进入了山城的一所中学念书。我永远不会忘记，教我们英文的老师姓林，年纪轻轻的，刚从大学毕业，对学生一团和气，从没有忿然不悦的脸色。②班上有一位同学丢掉了英文课本，林老师毅然地将教师用的课本送给他。

提问：

阅读下列文章，如果下面画线的句子与上面那篇文章相同，就打○，不同就打×。

请凭你的记忆判断，不要往前翻页。

（A）①他们慢慢地向着那株榕树走去。路上，父亲不时转头凝望贝儿，他觉得贝儿穿上军服，做了军人，②宛如一株树苗获得了阳光与雨露的滋养，他是会逐渐长大起来的。

（B）①权力就像一条大河，如果河水受约束，那就既美丽又有用，可是当它泛滥到岸上，就一发不可收拾，②所向披靡，冲到哪里就给哪里带来破坏，弄得一片荒凉。

（C）①翻开中华民族的历史来看，孝道不啻是贯穿着民族精神的一道无形的脉流。盖内发的人之至性，当莫过于孝思感人之深。②孔子有言："君子笃于亲，则民兴于仁。"由人道伦常之首的孝行扩充出来的仁厚作为，关系教化之大，实非可言喻。

（D）①记得第一次来这个村子的时候，到村头附近的小店下车之后，便进入一条狭窄的小巷，经几番的转弯抹角，才找到我们要来寻古的那座老庙。②当时正值雨季，整个小巷尽是一片泥泞，檐低路湿，十分难走。

（E）①这双球鞋是和我同进校门的，除了上体育课穿着它之外，每天早上，它也陪伴我上操场。它已成了我生活的一部分，②我在日记中写它，在作文中写它，犹如年轻绚丽人生的泉源，它使我充满生气，增加了活力。

（F）①宪法不只是一个名字，而是真正的东西。宪法不是一个理想，而是真正的实体。如果宪法不能产生一个具体的形式，那就是空洞的。②宪法是政府的先决条件。政府是由宪法产生的。国家的宪法不是政府的法令，而是组成政府的人民的法令。

（G）①离开了通霄精盐厂以后，我们乘两辆游览车，又前往苗栗镇，参观民营工业的新竹玻璃公司苗栗厂。公司的秦肇新总工程师从台北来接待我们，他是燕京大学化学系的毕业生，其能力和技术的高明，使新竹玻璃的质量不断地提高。②他报告了新竹玻璃厂成长的经过。

（H）至于清明节这天，①女孩子不被允许到坟地祭拜，这是大家共同的说法，林衡道并补充说，从前本省大户人家的妇女养在深闺，有的甚至做了祖母，还未见过祖坟。不过中下层的妇女，在男眷祭毕归返后，可相携前往踏青，这是件乐事，但须素服，②或有将墓旁树枝折簪于头上者，称为插青，此俗至今仍在流行。

（I）①良心是正义最好的管家。良心给人警惕、希望、酬报和惩罚，使一切都在正义的控制之下。忙碌的人不一定要注意它的提示，有权力的人要听从它的指示，愤怒的人要忍受它的谴责。②良心做我们的朋友时，一切都很平静。可是一旦触犯了它，心里就永远不得宁静。

（J）那是就读初中的时候了。①我们进入了山城的一所中学念书。我永远不会忘记，教我们英文的老师姓林，年纪轻轻的，刚从大学毕业，对学生一团和气，从没有忿然不悦的脸色。②班上有一位同学丢掉了英文课本，林老师毅然地将教师用的课本送给他。

答案：

| | A | B | C | D | E | F | G | H | I | J |
|---|---|---|---|---|---|---|---|---|---|---|
| ① | × | × | ○ | × | × | ○ | × | ○ | × | ○ |
| ② | × | ○ | ○ | ○ | ○ | ○ | × | × | ○ | ○ |

## 相貌与人名记忆训练法

### 1. 原理

记忆人名，是一件非常重要的事。因为它是使我们与别人建立良好关系的第一步。

●相貌识记要领

（1）先用几秒钟的时间细心观察要识记的脸的整体形象，然后捕捉这张脸的特有特征。要依次就每一项一般特征找出它的特有特征，先从头形这项一般特征开始。要认清所看到的是个什么形状的头形：椭圆形、圆形的，还是四方形的。

（2）通过复习好好记住特有特征。

（3）用上述方法继续判明其他各项一般特征中的特有特征，直至各项一般特征中的特有特征全部判明为止。

（4）注意相貌有无其他特殊的特征，如果有便将它好好记住。

（5）像“过电影”一样在内心将所有已知特征依次“过”一遍，如果会画画，还可以凭记忆画成一幅脸谱。

（6）将所得印象同现实所见的相貌相比较。

（7）将识记的相貌同所了解的某一信息相联系。例如，如果回忆起曾在某处（比方说在学校里、在某疗养地等等）见到过的一副相貌，就把这副相貌同这一处所联系起来。在这种情况下，该处所就成了中心词。当再次想到该处所时，记忆中就会浮现那副相貌的形象。

（8）把人的相貌与其名字联系起来。

●名字识记的要领

（1）要正确接收名字

这话乍一听来好像是迂腐之谈，其实不然。许多名字之所以没能记住，完全是因为开头接收得不对头。对名字接收不当，一方面是由于有时候别人在介绍姓名时往往吐字不清，另一方面是我们自己往往也不努力设法弄清楚。所以，首先要做到正确接收名字。

（2）接收之后要立即复述几遍

为了避免名字在瞬时记忆后消失，至少要在接收后的20秒钟内把名字复述几遍。

（3）将名字变为形象

在复述过程中，要设法将名字变成直观形象。这有几种办法。一种是在心里想一想那名字的写法，或者实际地写一写，以便眼睛也能“看见”名字。同时，把名字与人的形象——他的相貌或者其外表或举止上某种特别突出的特点联系起来，也有助于识记名字。另一种办法是人名的“形象表象法”，即为名字设想某种含义的方法。例如，某人名字叫“王班”，就可以想象他是个王老板，而叫“罗全”的人则可以想象为罗圈腿的人。

（4）将人名的形象表象复习几次。

对人名的形象表象多复习几次，有助于加深对它的记忆。

## 2. 训练方法

★训练 1

请仔细观察下面 10 组人的相貌图片。

写出每组图片的 3 个不同特征。

1. 面孔

2. 侧面

3. 脸形

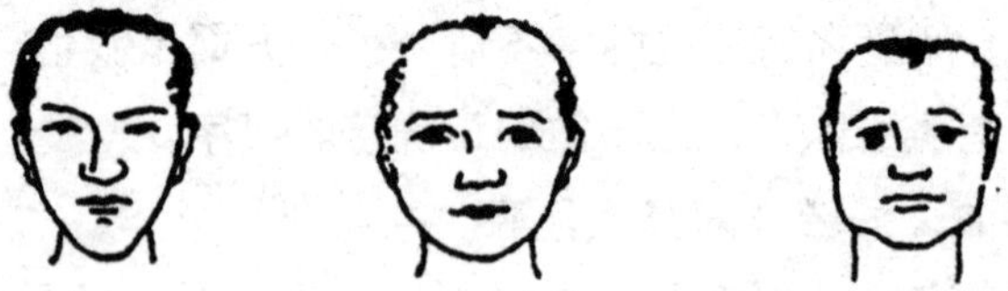

4. 发式

5. 眼睛

6. 眼镜

7. 耳朵

8. 鼻子

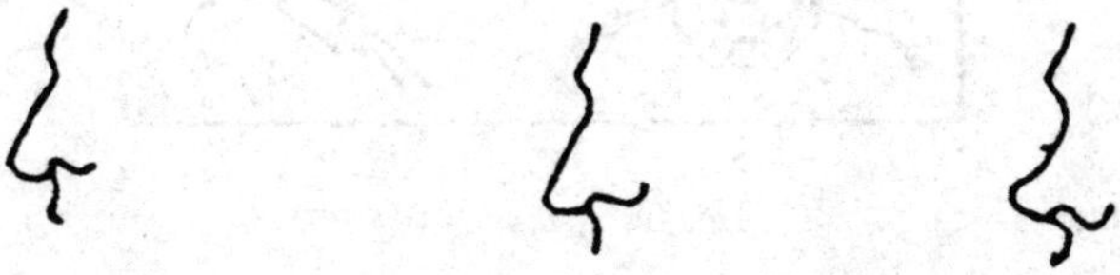

9. 络腮胡

10. 唇

图 3—32　训练1的图集

答案：

1. 面孔：①椭圆形　②圆形　③四方形
2. 侧面：①鼓凸　②平直　③凹陷
3. 脸形：①三角形　②圆形式椭圆形　③四方形
4. 发式：①短发　②中发　③长发
5. 眼睛：①大眼　②杏眼　③小眼

6. 眼镜：①宽边眼镜　②细边眼镜　③无框眼镜

7. 耳朵：①大　②中　③小

8. 鼻子：①拱凸　②直　③凹陷

9. 络腮胡：①无　②小　③大

10. 唇：①薄　②大　③厚

★训练2

仔细观察下面五幅相貌图。关于第一幅，我们已作了描述。请你看明白这幅图之后，模仿我们的描述方法对其他几幅图进行描述。

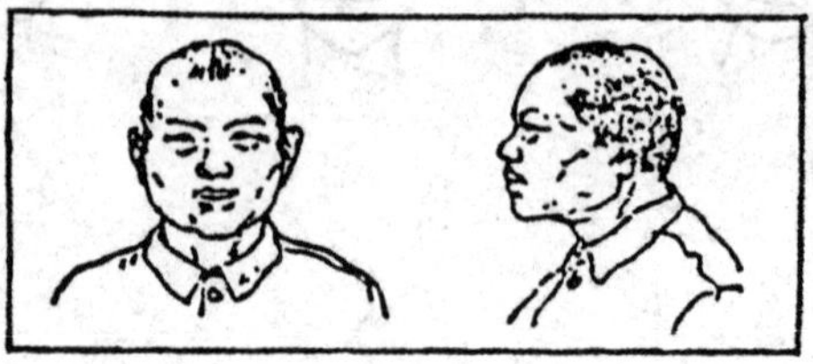

| 一般特征 | 特有特征 |
|---|---|
| 1. 头形 | 四方形 |
| 2. 侧面 | 鼓凸形 |
| 3. 脸形 | 椭　圆 |
| 4. 发式 | 长　发 |
| 5. 眼睛 | 大眼睛 |
| 6. 眼镜 | 不　戴 |
| 7. 耳朵 | — |
| 8. 鼻子 | 拱　凸 |
| 9. 胡子 | 无胡子 |
| 10. 嘴唇 | 大 |

| 一般特征 | 特有特征 | 一般特征 | 特有特征 |
|---|---|---|---|
| 1. 头形 | | 1. 头形 | |

2. 侧面
3. 脸形
4. 发式
5. 眼睛
6. 眼镜
7. 耳朵
8. 鼻子
9. 胡子
10. 嘴唇

2. 侧面
3. 脸形
4. 发式
5. 眼睛
6. 眼镜
7. 耳朵
8. 鼻子
9. 胡子
10. 嘴唇

一般特征　　特有特征

1. 头形
2. 侧面
3. 脸形
4. 发式
5. 眼睛
6. 眼镜
7. 耳朵
8. 鼻子
9. 胡子
10. 嘴唇

一般特征　　特有特征

1. 头形
2. 侧面
3. 脸形
4. 发式
5. 眼睛
6. 眼镜
7. 耳朵
8. 鼻子
9. 胡子
10. 嘴唇

图 3—33　训练 2 的图集

★训练 3

请在 3 分钟内，记住下面图 3—34 中的 12 个人的相貌与名字。

提问：

请仔细观察图 3　35 中这些人的相貌，再想出他们的名字。由于 12

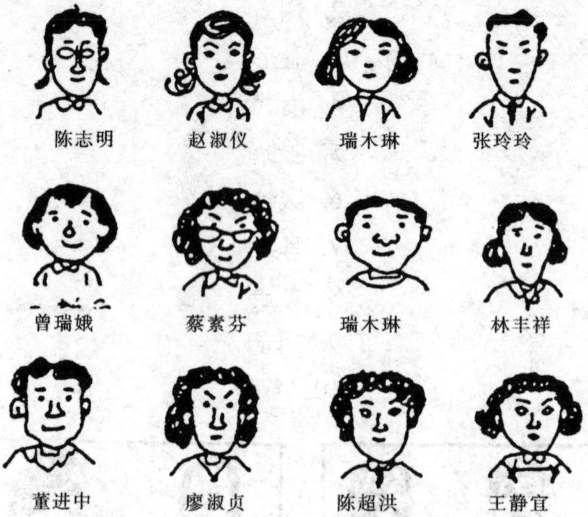


图 3—34　训练3的图集A

个人的位置已经变更，请别弄混了。

★训练 4

在电话号码簿上随便抄下 10 个人的名字，用上述人名识记法对它们进行识记。几天后检查一下，看你能否把它们回忆起来。

平时可以多用日常生活中遇到的那些人的名字来进行练习。

图 3—35　训练3的图集B

★训练 5

从报刊杂志上剪下 20-30 幅人物照片，并随手抄 20-30 个人名，给照片上的人一一配上名字，将名字分别写在照片背面。认真记住其中某一个人的相貌及其名字，通过想象将二者联系起来。搁下这张照片，拿另一张，进行同样的练习，直到将所有的相貌与其名字联系起来了为止。然后打乱照片和抄下的名字的顺序，回忆所设想的联系，用照片背后的名字来检验回忆是否准确。

这种运用相貌特征示意图识记相貌的练习要多做，练习的对象可以是在学校中遇见的人，在街上或乘坐公共交通工具时遇见的人，或者在电视上见到的人。要使进行这种练习成为一种习惯。不久将会发现利用示意图识记相貌只须几秒钟的时间，而对相貌和人名的记忆情况却比从前大有进步。

**【建议】** 前面介绍的这些训练方法比较全面地包含了对数字、文字、图形等各种材料的记忆，按照这些方法去做，您孩子的记忆力定会得到很大程度的提高。当然，这里只是介绍了一些比较典型的方法，训练记忆力的方法还有很多。您可以从这些方法中得到启发，结合您自己孩子的特点，利用日常生活中的条件，设计您自己的训练方案。

## 训练后记忆力验收测验

如果您在辅导孩子阅读这章书的过程中是在训练方面狠下了苦功的，那您的孩子现在肯定已经有所收获了。为了证实这一点，我们不妨来做一次验收测验。

在做这项测验时，要提醒孩子把自己在学习这章书的过程中学会的方法和技能运用起来。

# 验收测验（第一套）

这套验收测验共分四部分，与第二章中练前测验（第一套）的四个测验相呼应。所以，完成了这项测验，就可以把儿童阅读这本书之前和之后的记忆效率加以比较。

★测验1：单词记忆测验

请记忆下列20个词，和以前一样，答题要连同单词的顺序号一起默写出来才算答对。规定记忆时间是40秒钟。时间一过，即行默写。

| | | |
|---|---|---|
| 1. 苹果 | 8. 哲学 | 15. 大炮 |
| 2. 窟窿 | 9. 森林 | 16. 墨水 |
| 3. 风暴 | 10. 长袜子 | 17. 桌子 |
| 4. 自来水笔 | 11. 池塘 | 18. 胶水 |
| 5. 字母 | 12. 柏林 | 19. 香蕉 |
| 6. 肝脏 | 13. 预言家 | 20. 瓦罐 |
| 7. 世界 | 14. 松树 | |

计算本项记忆效率：

默写正确的词数÷20×100%=……%

★测验2：数字记忆测验

请记忆下列数字（连同其顺序号），规定记忆时间为40秒。然后进行默写。

| | | | |
|---|---|---|---|
| 1. 13 | 6. 30 | 11. 75 | 16. 77 |
| 2. 44 | 7. 82 | 12. 16 | 17. 38 |
| 3. 67 | 8. 69 | 13. 83 | 18. 61 |
| 4. 92 | 9. 52 | 14. 49 | 19. 74 |
| 5. 37 | 10. 16 | 15. 59 | 20. 4 |

计算本项记忆效率：

默写正确的数字数÷20×100%=……%

★测验3：相貌和姓名记忆测验

请记忆图3—36上的10副相貌（连同其姓名）。

图 3—36　相貌和姓名测验图集A

规定记忆时间为 30 秒。

提问：

凭记忆标出图 3—37 上各头像的姓名（与图 3—36 的头像完全一样，只是图 3—37 没有标出其姓名，并且排列顺序变了）。姓和名都写对才算答案正确。

计算本项记忆效率：

正确答案数 ÷ 10 × 100％ = ……％

★测验 4：对有逻辑联系的材料的记忆测验

请阅读下文，记住其 10 个要点（文中已用黑体字和顺序号标出）。默写要点时要按文中原有顺序默写。规定记忆时间是 60 秒。

我家的东南边有一块长方形的**小园①**，里面种着各种蔬菜、花草和

图3—37　相貌与姓名测验图集B

树木。这里一年四季都是美丽的。

**春天**到了②，园里**一片绿色**③。一群小鸟停在树枝上，叽叽喳喳地叫个不停。小园热闹起来。

**夏天**④，**火红的石榴花**⑤开得十分茂盛，散发着阵阵芳香，引来一群群蝴蝶和蜜蜂。它们翩翩起舞，纵情歌唱。一排排玉米威武地挺立着，茄子紫了，西红柿红了，顶花带刺的黄瓜挂满了架。

**秋天**⑥，喇叭花开了，在绿丛中伸出一只粉红色的小喇叭，正在为小蜜蜂吹奏着动听的歌。石榴树上**石榴熟了**⑦，红色的果皮裂开了，露出了珍珠般的颗粒，好像迎着我咧嘴傻笑，这一切怎能不惹人喜爱?

**冬天**⑧，一场大雪过后，整个小园成了银装素裹的**白色世界**⑨。我情不自禁地赞叹道:“好美啊，小园!”

小园如此娇美，真是**一幅诱人的四季画**⑩。

依次默写文中各个要点，然后计算本项记忆效率：

默写正确的要点数 ÷ 10 × 100% = ……%

●你的记忆能力提高了没有？

将验收测验（第一套）的4个分测验的成绩加起来，除以4，得出平均记忆效率。把验收测验（第一套）和练前测验（第一套）的成绩加以比较，用一个简单的公式表示出来就可以看出记忆效率得到了多大的提高。验收测验的成绩（B）减去练前测验的成绩（A），所得的差就是记忆效率增长数（C）。记忆效率增长数（C）再除以练前测验成绩（A），所得商乘以100%，最后得出的结果就是记忆效率相对增长百分比。

比方说，练前测验的平均记忆效率（A）是50%，验收测验的平均记忆效率（B）是85%，那么记忆效率平均增长数（C）就是

$C = B - A = 85\% - 50\% = 35\%$

而记忆效率的相对增长数则是

$C \div A \times 100\% = 35 \div 50 \times 100\% = 70\%$

现在就请利用上述公式算算您的孩子的记忆效率增长数（C）。

## 验收测验（第二套）

★测验1：图形记忆测验

第1项

请尽量在30秒钟内把下面的10个记号记住。

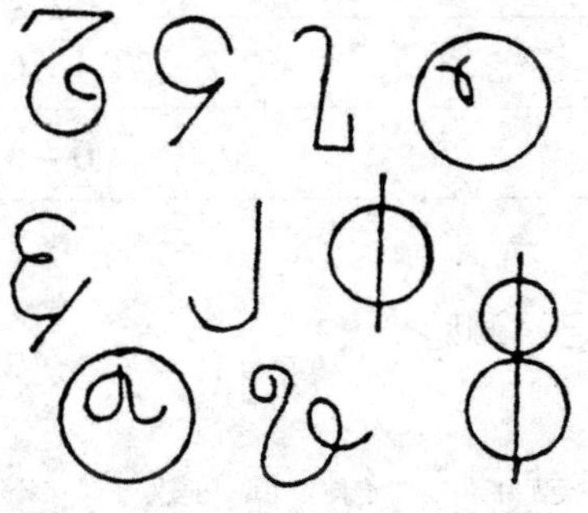

图3—38　图形记忆测验1的图集

第 2 项

请尽量在 3 分钟内把下面的 10 个图形记住。

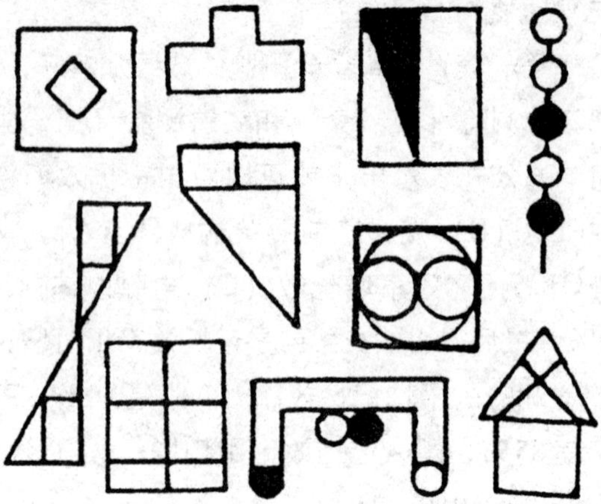

图3—39　图形记忆测验2的图集

效果检验

回忆的图形（或记号）与原图形（或记号）完全相同者打○，稍有不同者则打×。

每答对一个，可得 1 分。满分是 20 分。

| | |
|---|---|
| 非常优秀 | 14 - 20 |
| 优　　秀 | 10 - 13 |
| 普　　通 | 7 - 9 |
| 稍　　劣 | 4 - 6 |
| 非常低劣 | 0 - 3 |

★测验 2：数字记忆测验

第 1 项

请每隔 10 秒钟，就记忆一行下面的数字，然后再把它们写在别的纸上。

267

4373

96004

780392

6370367

3，6，5

4，3，3，8

10，4，7，3，4

8，6，3，5，8，6

5，6，5，3，6，7，5

第 2 项

请分别注视下面各行数字各 20 秒钟，然后把书合上，再由下往上记忆，并写在别的纸上。

注意：注视数字的时候是由左至右，但是写出时则必须由右至左。

3，5，7

3，4，5，6

3，7，9，5，8

4，5，6，7，8，8，

6，5，6，4，5，6，7，

356

4467

30984

454783

888890676

效果检验

整列数字中，记错一个数字就打×，全部记对就打○。每打一个○

就得1分。满分是20分。

| | |
|---|---|
| 非常优秀 | 14－20 |
| 优　　秀 | 10－13 |
| 普　　通 | 7－9 |
| 稍　　劣 | 4－6 |
| 非常低劣 | 0－3 |

★测验3：短文记忆测验

请在10分钟内阅读下列短文，并记住它。

窗外下着毛毛细雨。我被一道题难住了，唉！该怎么解呢？我坐不住了，就朝雨里走去。

在通往乡间的小路上，我遇到了一个大约六七岁的小男孩，他蹲在一滩积满了雨水的水潭边，细雨不停地飘在他身上，头发梢上不断地滴着雨水，可他好像什么也没觉得。

“小弟弟，你在干什么呀?”我疑惑地问。

“造桥呗。”他连头也没抬，只将手中的一叠小木头往水塘里排列开去。

“造啥桥啊?”我好奇地又问一句。

“造大桥。”他边回答，边将一块较大的木头往已造好的“桥墩”上放去。

“哦，‘大桥’造好啦！大家可以过桥了！”小男孩高兴地跳起来。“啪”的一声，一脚踩得泥浆水溅了开去，“大桥”倒塌了。

男孩抓了抓头皮，不声不响地又蹲下来，心疼地捡起木块，重新搭了起来，嘴里还嘟囔着：“这个木头桥不好，我长大了要造座又大又牢的桥。”

我被眼前的一切感动了：“木头桥”虽然没有搭成，可是男孩的心里已建起了一座理想之桥……他那种坚持不懈、刻苦学“造桥”的精神深深地感动了我，我不禁自问：“难道我不能像他一样，去解开难题吗?”

我转身朝回家的路上走去。离小水塘越来越远了，可当我回过头来，透过漾漾雨布，隐隐约约看见小男孩还在认真造着“大桥”呢！

是啊，每一个人都应该在心灵里建起一座理想之桥！

提问：

请阅读下列短文，如果画线的句子与上面的短文中所记忆的不同，请打×，相同时就打○。

窗外下着毛毛雨。我被一道题难住了，唉！该怎么解呢？我坐不住了，就朝屋外走去。

在通往乡间的小路上，我遇到了一个小男孩，他蹲在一滩积满了雨水的水潭边，细雨不停地飘在他身上，头发梢上和脸上不断地滴着雨水，可他好像什么也没觉得。

“小弟弟，你在干什么呀？”我好奇地问。

“造桥呗。”他连头也没抬，只将手中一叠小木头往水塘里排列开去。

“造啥桥啊？”我好奇地又问一句。

“造大桥。”他边回答，边将一块较大的木头往已造好的“桥墩”上放去。

“哦，‘大桥’造好啦！我们可以过桥了！”小男孩高兴地跳起来。“啪”的一声，一脚踩得泥浆水溅了开去，“大桥”倒塌了。

男孩抓了抓脑袋，不声不响地又蹲下来，心疼地捡起木块，重新搭了起来，嘴里还嘟囔着：“这个木头桥不好，我长大了要造座又大又牢的桥。”

我被眼前的一切感动了：“木头桥”虽然倒塌了，可是男孩的心里已建起了一座理想之桥……他那种坚持不懈、刻苦学“造桥”的精神深深地感动了我，我不禁自问：“难道我不能像他一样，去解开难题吗？”

我转身朝回家的路上走去。离小水塘越来越远了，可当我回过头来，透过漾漾雨布，隐隐约约看见小男孩还在认真造着“大桥”呢！

是啊，每一个人都应该在心灵里建起一座理想之桥！

效果检验

答对一题得1分，满分是20分。

| | |
|---|---|
| 非常优秀 | 14－20 |
| 优　　秀 | 10－13 |
| 普　　通 | 7－9 |
| 稍　　劣 | 4－6 |
| 非常低劣 | 0－3 |

★测验4：长文记忆测验

请在8分钟内阅读下面的文章，尽量将它们记住。

柏克莱的校园很清雅。有风萧萧的树林，林子里有古朴的木桥，桥下有曲折的小溪，小溪的源头有绿草如茵的山坡，起伏的山坡上是白色的钟楼——这里的“注册商标”。

不过，我最喜欢的是这儿的学生活动中心的广场，和广场上每天中午的热闹。

每天，中午12时整，钟楼就开始了“敲打乐”——有时候是十分流行的曲子。敲钟的是位白发的老太太，她已经敲了一辈子。

钟声一止，好戏就上演了。

广场上来来往往的大都是出来吃午饭的学生们和教职员们。有的人坐在枇杷树下的长椅子上，有的人席地躺在青草坡上，三三两两吃着三明治，晒着太阳，聊着天南地北。

虽然只是短短的一个钟头的休息时间，可是可看的戏却不少。在你啃着三明治的时候，随时有人来到广场的水池旁边或者树下校门边儿上，弹的弹，唱的唱，地上也不忘摆个小罐子收钱。这些“素人音乐家”，水准都是不差的，也不像是真想得着赏钱。学生们遇到动听的，也绝不吝惜他们的掌声。有时候学校里乐队——也不知是请来的还是学生们自组的，也会鼓弦喧天地真表演一番。闻乐起舞，人们不以为怪。

除了放假和下雨，这里总是热热闹闹的。学生示威的、罢课的，都要来此游行演说。他们说宗教是古老的传说，他们说坏蛋讨厌，有钱人讨厌，有势的人也讨厌（最后只剩下自己最可爱了）。

观光客（总背着照相机）、牵狗的、蓬头垢面的也都夹在人群里面。这里是相当的自由，至少可以绝对地呼吸到那样的空气。

顶有趣的是一些狂人。

有的来演讲，只见他来回走着，念念有词，声调很有高下，手势很有可观，只可惜语无伦次不知他在说些什么。这是演讲狂。

有的来表演特技，穿一身古怪服饰，戴防毒面具，表演无声片时代的慢动作，有如在打西式的太极拳。这是表演狂。

昨天来了一个人，提着一只皮箱，俨然是魔术师的模样，他看见人就把身上的皮夹子掏出来往地下丢，告诉别人里边有我。为什么不捡？为什么不捡？他追着人问。

这些狂人，大都没有害人之心，不过他们也只能吸引那些新来的学生，对于老柏克莱人，他们也许并不是什么精神上失常的人，反而是有点儿像什么心理学大师到这儿来做什么人性的实验似的。

老柏克莱人，多少都得有点儿老僧入定的那种功夫的。这恐怕与这广场上的千奇百怪不无关联。

我极喜欢我在这校园里头中午的一小时的休息时间。我常常在那短短的热闹里，想起两句诗：

**现实是人类的牢笼，**

**幻想是人类的两翼。**

要是你想张开天真的两翼，飞出现实的牢笼，请来这儿看看，请来中午阳光下的柏克莱学生活动中心的圆水池旁边的自由天地的纯洁而不愚蠢的学生当中走走……你会明白所谓最高学府那“最高”二字的乌托邦的意义。

下面有10个问题，每题各有4个答案，其中只有一个是正确的。请在正确的答案上打○。

（A）前一篇测验文章，主要是在叙述柏克莱的________

①办公情景　　②上课的情形

③校园情景　　④参观的情形

（B）柏克莱的“注册商标”是________

①学生活动中心广场　②白色钟楼

③起伏的山坡　　　　④曲折的小溪

(C) 中午广场上来来往往的大都是出来________的学生们和教职员们。

①上课　②吃午饭　③下课　④游行

(D) 中午休息多久的时间________

①一个半小时　　　　②半个小时

③一个小时　　　　④45 分钟

(E) 广场上顶有趣的是一些________

①狂人　②画家　③观光客　④素人音乐家

(F) 夹在人群里的观光客们总背着________

①小孩　②照相机　③雨伞　④背包

(G) 昨天来了一个人，提着一只皮箱，俨然是________的模样。

①演说家　　　　②特技表演者

③魔术师　　　　④卖狗皮膏药的

(H) 多少有点儿老僧入定那种功夫的是________

①狂人　　　　②老柏克莱人

③新柏克莱人　　　　④观光客

(I) 现实是人类的牢笼，________是人类的两翼。

①梦境　②心灵　③幻想　④智慧

(J) 最后只剩下________最可爱了。

①坏蛋　②有钱人　③自己　④有势的人

效果检验

每答对一题得 1 分。满分是 10 分。

| | |
|---|---|
| 非常优秀 | 9 – 10 |
| 优　　秀 | 7 – 8 |
| 普　　通 | 5 – 6 |
| 稍　　劣 | 3 – 4 |
| 非常低劣 | 0 – 2 |

●记忆力综合评价

孩子在第二套验收测验的几个测验的成绩如何？请把它们的得分相加，满分是70分，他的总分是多少？

| | |
|---|---|
| 非常优秀 | 55－70 |
| 优　　秀 | 40－54 |
| 普　　通 | 25－39 |
| 稍　　劣 | 16－24 |
| 非常低劣 | 0－15 |

请把测验1至测验4的得分分别记在图3—40的坐标轴上，然后把记上的4点连接成四边形。

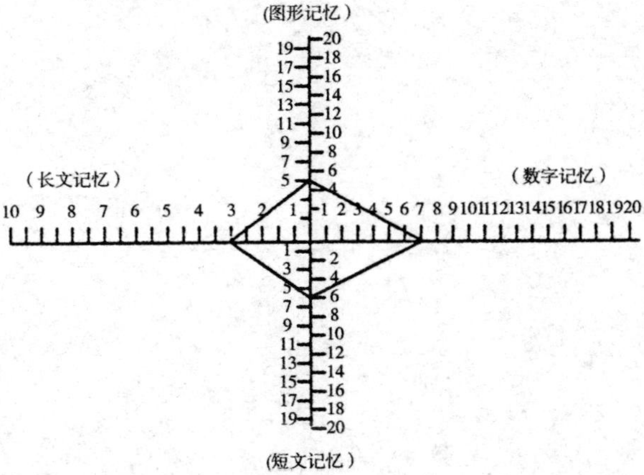


图3—40

假如测验1（图形记忆）的得分是5，测验2（数字记忆）的得分是7，测验3（短文记忆）的得分是6，测验4（长文记忆）的得分是3，则可形成一个四边形网点区域。

如果这块四边形区域比练前测验的区域大得越多，就表示您的孩子记忆力提高得越多。

**【专家忠告】** 经过训练，您的孩子的记忆力提高了多少？

如果您的孩子的记忆力提高了很多，不要自满，这说明您的孩子的记忆潜能还很大，您应当继续坚持不懈地对其进行训练。

如果您的孩子的记忆力提高不大，不要灰心，因为毕竟记忆力的提高不是一蹴而就的事情，应该坚信，在科学的方法的指导下，您的孩子一定会功夫不负苦心人，取得令人满意的效果。

博闻强记，不是梦想！

$\frac{2}{5}+\frac{1}{5}=\frac{3}{5}$
$x+y=z$
$6\div3=2$.

# 四　开发孩子大脑的记忆金矿

★人的记忆潜能从理论上讲是无限的

★书山有路“巧”为径

★行成于思毁于随，良好的习惯是成功的保证

科学研究表明，人的大脑的功能只有很小的一部分被开发和利用，人的许多脑细胞还没有得到充分的使用。本书前面也曾经提到过，人们惯常使用的记忆方法，多是运用了大脑左半球的一部分功能而已，右半球的记忆功能只是偶尔被使用一下，人的记忆潜能从理论上讲是无限的。每个人的记忆都像是一座无尽的金矿，等待着我们去开发利用。

要想开发出记忆的金矿，我们还需掌握科学的规律，学会利用科学的方法。人的记忆的保持和遗忘具有一定的规律，在培养儿童的记忆能力，提高记忆效果时一定要遵循这些规律，科学施教。

例如，长时间地注意力高度集中会使大脑中枢产生抑制过程，妨碍继续识记的效果，如果休息一段时间，消除抑制，注意力会重新加强，而且，刚刚识记完一些事物的时候，遗忘得很快，然后遗忘的速度会逐渐减慢，在这段时间及时复习，进行重新识记会有助于记忆信息的保持。所以，与其花30分钟来识记一份材料，不如先花20分钟识记，第二天再花10分钟来重记。

另外，根据记忆的规律，要想扩大记忆容量，提高记忆效果，最好以“组块”的形式记忆。对所要识记的内容先进行分类、条理化。再运用由此及彼的方法，用联想为儿童编织记忆之网，帮助儿童把新知识

联系起来，使性质相似的事物与儿童已有的知识经验联系起来，这既有助于记忆的短期再现，也有助于记忆的巩固。

在本章中，我们根据小学生的记忆规律，总结了一套开发儿童记忆潜力的捷径，父母了解了这些窍门和方法，不仅可以帮助孩子科学地安排记忆任务，而且可以用简单的方式告诉孩子这些记忆的规律，有目的地引导孩子，让他结合自己的情况，创造一套适合于自己的能产生良好记忆效果的方法。同时，我们根据记忆的规律，培养小学生良好的复习习惯，使他们和复习达到事半功倍的效果。

## 开发记忆的金矿

### 有的放矢——明确近期目标

**1. 目标的重要性**

人不管做什么事，都具有某种目的。这个目的，就像是射击场上的靶子，又像是打猎场的猎物，是人苦心积虑要追寻的目标。

这个目标，诱惑着人，引导着人，使人步入更高的境界。

同样，家长必须使孩子清醒地意识到，自己的学习总是有一定的目标的，这是成功地改进记忆效能的一个前提和基础。

心理学家曾做过这样的实验：被试者分 A 组和 B 组，让他们在同一块麦地里开展割麦竞赛。A 组在左边，B 组在右边。两方参赛人数及麦田面积完全相同。唯一不同的是，A 组这边的田埂上，每隔一米就树立一面红旗，而 B 组那边则没有。两组竞赛者同时开始割麦，但结果却不同。有红旗的 A 组，其劳动速度远远快于 B 组。此外还发现，A 组的参赛者越是靠近终点，其速度越快、其效率越高。第二天又做了一次同样的实验，不过，两组正好调了个儿；这次，B 组在左边，有红旗作标志；A 组在右边。结果不言自明，B 组的劳动速度、效率都超过 A 组。

实验表明，所要达到的目标越近，其目标的驱力也就越大，就像磁铁，铁屑距它愈远，吸引力愈小，相反，铁屑距它愈近，吸引力愈大。

心理学家还做过一个实验：先请一位跳高运动员在空地上凌空跳跃，然后测出其腾起的高度；之后，再请他在跳高场上跨跃跳高横杆。其实，横杆的高度与凭空腾跳的高度一样，后来，每跃过横杆一次，就增加一点高度。结果发现，跨跃横杆要比凭空腾跳高得多；最后，又请他一次性跨跃他跳过的最高限度，结果失败了。这个实验说明，有目标（如横杆）比没有目标要好；确定一个个近期目标（横杆一点点升高）比上来就向长远目标冲击（一次性跨跃最高限度）要好。

再比如长跑运动员，每个人心目中都有自己的目标，那就是，每一次都希望超过自己的最好成绩；每次都渴望刷新世界纪录。超越自己，是近期目标；打破世界纪录则是长远目标。随着自己的纪录和世界纪录的不断刷新，他的长跑速度也就越来越快。

### 2. 确立近期目标的方法

那么，如何确立记忆的近期目标呢？

关键是要学会安排记忆进程，把长远目标划分成若干不同的近期目标；一个一个地实现，一个一个地跨跃，每当达到一个近期目标，就能增强信心，改进记忆效能，提高记忆速度。

当达到了所有的近期目标后，苦心积虑所要追求的长远目标也就胜利在望了。而对长远目标的靠近，无疑会更强有力地刺激记忆效能，从而更有效地提高记忆能力。

例如，一个小学生要学习英语，倘若笼统地确立一个目标：将来出国深造，他会感到前途渺茫；如果确定不同的近期目标，先完成容易的部分，如每天学习 10 个名词，进而掌握动词、形容词、副词等，他就会感到信心十足，感到学习语言不再是枯燥乏味的工作。每一次克服了困难，每一次获得了成功，自信心便会随之增长，而自信心同时又鼓舞他去争取更大的成功。

其实，运用这种方法，何止限于学外语呢？各种各样的学习和记忆活动，都可以运用这种方法，化整为零，使长远目标分解成若干不同的近期目标，由易而难，由浅入深，不断地刺激学习兴趣，增强记忆力。

在学习过程中，小学生给自己提出一个记忆目标，充分利用有意识记忆，可以使记忆效果大大提高。比方今天要记10个英语生词，那么最好要求自己：今天“必须记熟”这些生词。这样在读、写的过程中，就会花工夫分析这些生词的特点，努力记下它们。如果只是口中喃喃自语，盲无目的地读，那真像俗话所说：“小和尚念经，有口无心”，徒然虚耗了许多时间，记忆效果很差。

记忆的目标不能仅仅是“必须记住”这样一个笼统的要求，还包括准备记多久，记忆准确到什么程度，这都影响到记忆的效果。

这里说“准备记多久”，也许有的同学会问：“这与效果有什么关系呢？记住了就是记住了，没记住就是没记住，难道想记得久就能记得久吗?”

这个问题看起来似乎有点不可思议，但事实上却正是这样。很多科学家做了大量的实验，都得出了相同的结果。他们发现：事前打算比较长久地记忆的东西，果真记住的时间就比较长；而只打算暂时记住的东西，往往记住的时间就比较短。有个老师曾给两个班的同学留下了复述课文的作业，他在一班说，明天就检查，在二班说一个星期后再检查。实际上老师对两个班的同学，都是在一星期后才检查。结果发现二班同学复述得比一班同学要准确，完全得多。

**【建议】** 家长要帮助孩子理解确定学习和记忆目标的价值。当目标深深植根于孩子的心中时，就会奇迹般地把他引向实现目标的征程。因此，家长应时常提醒和帮助您的孩子去制订这样的目标，从而使之真正成为衡量其学习和记忆效果的尺度，激励他不断进取，为实现目标而全力以赴地努力。当然，目标应控制在老师对这一科目所要求的特定水平上，不应太高或太低。

## 兴趣是学习和记忆的源泉

### 1. 培养学习兴趣的重要性

人们对于自己所关心的事物，往往能够毫无困难地记住。小学生能够将上学途中所见到的玩具店名记得一清二楚，除了因为儿童的脑部活动比较活跃外，更重要的是他们对玩具充满了好奇心。相反的，一个每天赶公共汽车上下班的人，对于窗外的街景却没有丝毫的印象，这就是因为他没有抱着有趣的心情去欣赏。因此，记忆的先决条件就在于引起兴趣。

美国有一种开放式的小学，把教室的墙壁改装成能够自由移动的装置。有些地方，甚至连课桌也不用，完全让儿童依照自己的想法去计划、去读书、去选课。实行这种方法的结果是，使儿童在理解和记忆方面的能力提高了很多。

曾经有一位小学生家长发现了这样一件怪事。自己的孩子平时总是背不出课文，棋却下得很好，他甚至有这种本事：不看棋盘能同时和两个人下两盘棋，而且获全胜。对于这两盘棋的每一步他都记得很清楚，能在棋局结束后把两盘棋一一恢复起来重走一遍。他虽然背书很慢，可是背起象棋棋谱、围棋定式，似乎有“过目不忘”的本事，记得很快、很多、很准。原来这个学生对下棋很有兴趣，像着了迷一样，甚至在放学路上见到别人下棋，也能在旁边站上半天，以至忘记了暮色降临、早该回家了。

这位家长从下棋的事情上发现这个孩子一点也不笨，只不过是学习兴趣不足而已。经过启发教育，激发了他的学习兴趣，果然他在背课文、记单词方面同样显露出很好的记忆才能。原来，他背课文记不住是和他对学习不感兴趣大有关系的。

当代许多教育心理学家都十分重视学习兴趣的培养，他们认为，当一个小学生对于所要学习和记忆的内容有浓厚兴趣的时候，大脑皮层会产生兴奋优势中心，学习和记忆就会更加主动积极，不但不会感到这是一种负担，而且饶有兴味，效率很高。兴趣是学习的挚友，是发展记忆力、观察力、创造力等等多方面能力的动力。因此，有意识地培养小学生的学习兴趣，对提高记忆效果有莫大的帮助。

### 2. 怎样培养小学生的记忆兴趣

居里夫人说：“科学研究本身就包含着美，其本身给人的愉快就是酬报，所以我在我的工作中寻得了快乐。”可见，越是认真深入地学习某一门课程，越是热爱和了解它所特有的结构和联系，沿袭了它的历史、现状和将来可能的发展，就越能激发对这门学科的热爱和兴趣。因此培养和保持小学生的学习兴趣，一定使他有钻进去的决心。空怀壮志，浮在表面，即使起初有些兴趣，最终也会消失，记忆也就成了负担，那怎么能记得住呢？在学习和记忆的过程中，人们感到兴趣索然，难于记忆的内容，往往是那些根本不懂得或知之甚少的东西。

除了在知识内部去发掘和寻找，培养对学习、对各门功课的兴趣外，我们还可以在学习方法上想一些主意，利用兴趣对记忆的推动作用来加强记忆的效果。比如学外语，家长与孩子之间，或者同学之间可以结成对子，经常用外语会话，即使由于生疏闹出笑话来也没有关系。有意识地让孩子运用已经学过的句型和单词，既可以提高兴趣，又巩固了记忆。当他发现自己所学过的外语知识居然能够派上用场的时候，学习热情会更加高涨。学习数学，可以进行速算竞赛、智力测验来巩固已有的知识。玩扑克“二十四码”，紧张而有趣，这不但可以无形中加深对乘法口诀的记忆，而且还可熟悉四则运算的种种变化。在游戏中记忆这些内容丝毫也不费力。除了以上所举的例子之外，还有一些幽默的语句、俏皮话、打油诗等等，都可以加强对记忆对象的兴趣，使记忆任务变得轻松起来。

兴趣固然是记忆的源泉，但是，要让一个小学生对他所讨厌的科目发生兴趣，也不是一件容易的事。遇到这种情形，可以请担任该科目的老师，或该科目成绩特别优异的学生们和您的孩子谈谈，因为他们对该科目有着很浓厚的兴趣。从彼此的交谈中，很可能会发现他对于该科目疏忽的地方，甚至可引发他对该科目的兴趣。虽然这仅是一点点的兴趣，但是它就像滚雪球一般，能使他的求知欲不断增加，进而帮助他大量地吸收知识，提高记忆力。

**【专家忠告】**我们强调兴趣，绝不是主张单纯从兴趣出发，有些孩子偏科，只喜欢某一两门功课，在短时间看来，他记忆这些内容效果很好，好像有突出的才能。可是他们现在正处于打基础的时期，如果不注意基础的广博浓厚，只顾满足自己单方面的兴趣，那么头脑中的知识结构便会发生严重的比例失调。其他方面知识的不足也会影响对这少数科目的理解和记忆，影响这一两门科目的学习效果。学习效果差，反过来还会使兴趣低落，造成恶性循环，结果什么也学不好。所以，我们家长要多多开动脑筋，培养孩子对广泛的知识的兴趣。

## 趁热打铁——及时予以强化

任何体育活动，优胜者总要得到奖励，似乎已是天经地义的事。运动员得到奖励，必然会受到鼓励，不断进取；同样的，孩子的记忆效能得到改进，也应及时奖赏他，这必然会刺激他的记忆能力有更大的提高。

心理学家做这样一个实验：实验要求被试者在七分钟内尽可能地回忆并写下三周以前所有愉快的经历。写完后，再换张纸，要求他们同样在七分钟内尽可能回忆并写下三周以前所有使他不高兴的事情。

写好以后，把两张纸收起来，告诉被试者实验已完，不给他们任何外在的压力和暗示。21 天以后，突然再把他们集中起来，叫他们重做三周前的工作。

两次填写的表格对照起来，是很能说明问题的。下面是统计结果（按百分比计算）：

| | 高兴的经历 | 不高兴的经历 |
| --- | --- | --- |
| 第一次回忆 | 16.35 | 13.7 |
| 第二次回忆 | 7.0 | 3.86 |

实验表明，不仅在最初记下的种种经历中，高兴的事情远比不高兴的事情记得多，就是在 21 天以后，高兴的事情也同样记得更多。

统计数字还表明，最初记下来的高兴经历有42.81%在第二次回忆中被记住了，而不高兴的经历仅有28.18%能在第二次追忆中记住。

这说明，高兴的事情容易记住。

【专家忠告】奖赏孩子，其本身就是一件令人愉悦的事情，自然能在孩子脑海留下清晰的印记。

---

## 自信心是飞向记忆成功的翅膀

### 1. 自信心的重要性

常常有小学生说："我的记性太差。"如果你问他们："为什么这样认为?"各种苦衷便会纷至沓来："我最怕记数字，电话号码根本记不住。""我印象中的人同名字老对不上号……"等等。

不用说，这并不是因为害怕记数字记忆力才不好，也不是因为记不住别人的名字记忆力才低下，人生来就对数字、文章、名字等"直接记忆"存在着不同的差异。在这些"直接记忆"中，一个强项，并不等于记忆力强。反之，一个弱项，也不能说明记忆力差。

经过训练，差异是完全可以消除的。有这么一个例子：一天，一位害怕记英语单词的小学生正为记单词而烦恼。于是，他便把单词一个一个地写在纸上。每记住一个单词，他便高声嚷道："我能记住啦!"然后又随手把写有单词的纸折成了纸飞机，从二楼的窗口扔下去。看见隔壁庭院里的纸飞机接踵而至，邻居纷纷都感到不平。不过，这位小学生记单词的能力却大大提高了。

要记住东西，首先是要有确信自己记忆能力的自信心。没有自信，脑细胞活动便会受到抑制，使记忆力减退。心理学家把这种现象称为"抑制效应"；没有自信—脑细胞活动受到抑制—记忆减退—自信心更加丧失……如此下去，自然就会陷入无限的"恶性循环"中去。

只有确立了自信，才能把记忆变成"良性循环"，这就是记忆法的基点。我们可以想一想，为什么童年时代唱的歌谣能够不假思索地脱口而出？还有，朋友和熟人的名字想忘也忘不掉；一个自称记不住电话号码的人，不管他是否愿意，总是忘不了自己家里的、密友的电话号码。所以，只要有信心，相信自己“能记住”，那么任何东西都会乖乖地留在记忆中。

### 2. 怎样培养自信心

要培养儿童记忆的自信心，首先要培养儿童的学习自信心。凡是爱学习的儿童，都是对学习有自信心。一旦儿童对学习丧失了自信心，他的学习兴趣和主动性也就很快消失。家长应以正确态度对待儿童的学习结果。例如儿童取得优秀的学习成绩，家长应欣喜地给予及时的赞扬，甚至给予恰当的奖励。儿童在学习上虽不是最优秀的，但是比以前有进步，哪怕是极微小的进步，家长也要及时发现，给予肯定与表扬，并鼓励他们争取更大进步。儿童的学习成绩较差时，家长千万不可急躁，更不能辱骂他，应该帮助他分析没有学好的原因，跟他一起把没学好的地方补一补，勉励他：“争取下次考好，我相信你是有能力把学习搞好的。”

有的研究表明，在识记的过程中，如果信心不足，记忆效果会比实际能胜任的要差，而识记时有记得住的信心，会提高记忆的效果，千万不要让孩子产生自己是笨蛋、记性不好的自我意识，否则孩子在识记过程中，会产生紧张情绪，失去想要记住的动机和意志，以致更记不好，产生恶性循环，所以父母要注意培养孩子的记忆信心，比如孩子在只能背出规定识记材料的一部分时，应该先表扬、鼓励，而不应该责备或强调为什么背不出另一部分，这样儿童在下一次会提高记忆的动机，从而提高记忆效果。

**【建议】** 在培养孩子记忆的训练当中，如果孩子失败了，父母也不要灰心丧气，不要批评孩子，更不能惩罚孩子，而要鼓励他们继续练习，不要灰心，使孩子在鼓励声中记忆、学习。这样，通过提高记忆的自信心，也就达到了提高记忆效果的目的。

## 战胜记忆的敌人——不良情绪

### 1. 控制不良情绪的重要性

像成年人一样，孩子们的心情也总是变幻不定的。生活中的诸多因素，如外面的娱乐、环境的干扰、生活的变化等等，都会对孩子的学习起着消极的作用，使他们对学习感到枯燥乏味，厌烦至极。

那些看到同伴似乎从不用功苦读却成绩优异的争强好胜的小学生，总是自视甚高，你可如此，我何不能，那些迷恋于电视游戏节目的贪玩孩子，总是固执地认为学习就像玩游戏那样，可轻而易举地成功。

孩子们的天性使他们乐于沉溺于愉快的游乐之中，而厌恶枯燥的学习；幻想则使他们不切实际地估计自己的能力，难以做到正确地自我评价。这些来自于各个方面的干扰，对孩子们的学习和记忆均会产生不利的影响。因此，一定要控制这些不利因素的影响。

对于许多父母来讲，收录机或电视的干扰是一个非常令人头痛的问题。家长总是看到孩子们边看电视边做作业，而孩子们却错误地认为这样做没有任何害处。

事实已经表明，学习过程中因注意力不集中而造成的心神不安是相当消耗精力的。因为，人们的记忆过程恰恰像其他任何生理过程一样，是身体能量的消耗过程。如果孩子同时做两件事情，那么，他在完成必要的记忆过程时，需要多付出一部分能量用以克服干扰，从而增加了身体能量的消耗，致使他很容易感到疲劳。所以，为了成功地学习，为了成功地记忆，家长必须告诫自己的孩子，应把全部精力倾注于眼前的学习之中。

有人做过这样的实验：一组人，坐在舒适的椅子上，甚至半仰着身子，在那里读书；另一组人，坐在硬板凳上，从事紧张的演算工作。过了一段时间，前一组人很快就疲倦了，产生一种昏昏入睡的感觉；而后一组人，身心集中，精神亢奋。结果，后一组人记忆效果要比前一组人高了10%。

心理学家把这种情形概括为“紧张状态”理论。这一理论认为，一个人只有在“紧张状态”下才能使某些行为、某些目的得以完成。这里所说的“紧张状态”，是指某种行为向完成状态过渡的趋势。这个时候，人的兴致最高。比如，端来一盘食物，吃到大半的时候，你可能就饱了，但还是想把盘子里东西吃完，否则，就感到别扭。再比如，小孩玩游戏，玩到兴头上，谁叫他也不理，既不觉得饿，也不觉得累，非要玩完游戏才罢休。

同样的道理，这个时候，人的记忆功能也最有效。

心理学家又根据紧张状态理论做了一个进一步的实验。实验要求被试者在限定的时间内背诵一组单词，进行到一半的时候，突然打断他们，再给一些新的单词，要求他们限时记忆。结果，不管是先记的，还是后记的，记忆效果都不好。相反，如果让他们连续记忆一组单词，中间没有任何干扰，结果记得就很牢。

这个实验说明，连续记忆一组单词，被试者就会全身心地投入到记忆目标中，因而记忆效果最佳；假如中间加入干扰，就打断了“紧张状态”，必然影响记忆效果。

因此，从理论上说，寻找借口，放松自己，实际上就随意破坏了记忆系统的“紧张状态”，使之不能连续正常工作，结果，浪费了时间，什么事都干不成。

### 2. 怎样控制不良情绪

这个问题看似简单，却相当重要。只有解决了这个问题，儿童才能在改进记忆效能方面把步子迈得更大一些。为此，这里扼要地介绍一下控制情绪的三个步骤：

第一个步骤：

当儿童产生某种滞涩情绪时，家长应首先使儿童敏感地意识到：“我正被某种奇怪念头转移奋斗的目标。”

如果儿童迎合了这种滞涩的情绪，无疑就是向某种奇怪的念头屈服了。这些奇怪的念头多种多样，也许是想读小说，也许是想看电视，也许是想听音乐，也许是想聊天。不管它是以什么形式出现，其目的只有一个，就是迫使儿童成为它的奴隶，就是阻止儿童完成业已确定的任务。

如果想要儿童提高自己的记忆能力，就需要有一种明确的意识：决不能让形形色色的奇怪念头左右孩子，决不能让孩子轻意地放纵自己，沦为情绪的奴隶。

第二个步骤：

尽快着手做那些业已确定要做的事情。

奇怪的念头，随时都会出现。它是前进道路上的陷阱。稍有不慎，孩子就会陷入这个难以自拔的圈套。今天，孩子可能仅仅推迟了一两分钟，明天，孩子就有可能推迟一两个小时，长此以往，孩子推迟的时间必然会越拉越长，无端地消磨了宝贵的时光。

因此，要时刻保持清醒的头脑，凡事不能有片刻的迟疑。该做的，马上就做。不能受情绪的摆布，而是应当成为情绪的主人。

第三个步骤：

不受任何干扰，继续工作，直至完成。

不要误以为已经掌握了控制情绪的前两个步骤，就不会再受情绪的干扰了，就可以轻松一下了，这是大错特错的想法。

【专家忠告】 不受任何干扰，继续工作，直至完成。掌握了控制情绪波动的三个法则，就不那么容易被情绪所左右了。

把这些简单的法则运用到实践中去，您就能把自己孩子的记忆能力再提高一步。

## 循序渐进，逐步积累

有些小学生在记忆的时候犯急性病，想要把许多知识一下子全部装入脑海，他们一下子看许多书，记许多大大超出自己现有知识水平的内容。可是只是这样做的同学最后总是发现不能如愿以偿。原因之一就在于忽视了记忆的阶梯，没有循序渐进，一味贪多求快，结果反而是欲速不达。这就像盖房子只要第三层，不要一层二层一样，成了空中楼阁。

从记忆规律上看，只有理解了的内容才容易记忆，在能够避免机械记忆的时候就应当尽量避免机械记忆，这样才是在记忆上走捷径。如果在积累知识的过程中犯急性病。基本的东西还没有学好，就去啃比较高深的大厚本子，这样只能生搬硬套地背一些自己还不大理解的条条或词句，把本来可以通过理解消化之后再记忆的内容，变成了只能靠机械记忆来强记的东西，当然记忆效果就差了。

有一位在小学三年级的学生，数学学得比较好。平常，在听本年级数学课的时候，觉得很好理解，当堂就能消化记忆，记忆效率比一般同学要高。后来他参加了数学小组，学的内容深了一步，要想记住，就不那么轻松了，要花些力气才能弄懂记住。有一天，老师给他一张票让他去参加少年宫的数学讲座。到那儿才知道，这个数学讲座是针对高年级数学小组安排的。结果他发现：他平时很喜欢、很感兴趣的数学，一下子变得枯燥难懂了，满黑板的数字和推导使他眼花缭乱、难于接受和吸收，他只能勉强记住只言片语和零七八碎的个别结论，印象也很肤浅。

由此可见，学习内容过深，新知识的跳跃度太大，会使得本来在正常进度下可以很容易吸收和记忆的知识变得像“天书”一样难于记忆。如果不按阶梯走上去，那就会头昏、心跳，难于达到智力的高峰。

心理学家认为，原来已经吸收和记忆的内容，在大脑中形成了相应的知识结构。如果新学的内容超出原有的知识不太多，适合于原有的知识结构，那么新学的东西就会迅速而有条理地被安排在已有的知识结构里，这就好像是在已修好的一层楼上牢固地修建第二层楼。这时存入记忆仓库的知识是活知识，记忆牢固，取用也方便。如果新学的内容超出原有知识水平太多，和原有的知识结构毫无联系，那么新学的东西就无法融入到原有的知识结构里去，只有凭空重建新的知识结构，就像凭空建立第三层楼一样，结果只能靠单调重复、死记硬背来存入一些僵死的知识，这些知识就是零散的、不巩固的。

凡是容易与已知的知识建立起联系的内容，都比较容易记忆。因此知识面越广，基础知识掌握得越牢，建立这种联系的可能性就越多，记忆起来也就越快。这跟金字塔 样，基础越宽、越深，顶部就可以建得越高。

总而言之，循序渐进是记忆和积累知识的一个重要方法，表面看起来好像慢一些，但实际上是多，是快，是好，是省。这恰是最科学的记忆方法。

【专家忠告】 我们家长在教育孩子的时候，不要急于求成，一定要让孩子在消化吸收已有知识的基础上循序渐进地掌握新知识，否则，将会拔苗助长，欲速则不达。

---

## 温故而知新

### 1. 及时复习的重要性

明末清初有个思想家和学问家叫顾炎武。他有很强的记忆力，能背诵十三经。十三经是 13 部古书，一共有 147000 千字。他在天文、历法、数学、地理、历史等方面都有很深的造诣，知识十分渊博。

记这么多东西他就不忘吗？和一般人一样，顾炎武也是要忘的。但是他有一个法宝，那就是复习。据一部叫《先生读书诀》的书上记载："亭林十三经尽皆背诵。每年用三个月温理，余月用以知新。"亭林就是顾炎武，这段话的意思是说顾炎武十三经全能背诵，他每年用三个月复习读过的书，其余的时间用来读新书，他这样勤于复习，难怪能记得那样牢。

复习不仅有巩固记忆的作用，而且还可以加深对知识的理解。很多知识在初学的时候，人们的理解总是不深刻、不全面的，掌握不住知识的内在联系。以后，学的内容多了，复习的时候就可以把前后的知识条理化、系统化。这样理解得就更透彻了。古人颜元曾经说："学一次有一次见解，习一次有一次情趣，愈久愈入，愈入愈熟。"这段话的大意是，不但每学一次（包括每复习一次）都会有更深入的理解和体会，而且由于有了更深入的理解也就会记得更熟。

### 2. 怎样复习效果好

首先要注意复习时间的安排。显然只复习一次是不够的，多次复习，记忆的“痕迹”才能巩固。可是如果只顾多复习，总是在旧的内容上打转，把旧的内容复习了一遍又一遍，那就没有时间学习新内容了。所以这样做既不可能也不必要。正确的方法是：第一次复习要及时，每天上完课最好当天就复习，以后复习的间隔可以逐渐拉长。

为什么要这样做呢？

这是由遗忘的规律所决定的。可以说，记忆刚一结束，遗忘马上开始。也可以说，在记忆的同时，遗忘的过程也就开始了。但是，遗忘的速度并不跟时间成正比，并不是随着时间的逐渐增加而一点一点地遗忘。遗忘的速度是先快后慢，短时间内一下子遗忘很多，越往后则越少。专门研究记忆的心理学家艾宾浩斯做过一个著名的实验。实验的结果是：熟记13个无意义音节后，仅过一个小时，就忘了56%。两天以后，遗忘速度慢下来，又遗忘了66%。6天后虽然继续遗忘，可是忘得更慢了，仅继续遗忘3%。

所以，第一次复习要及时，当天的功课当天复习，抓住记忆还比较清晰的时候进行巩固，第二次复习也不要隔得太久，特别是低年级同学。再往后，同隔时间就可以长些，每次复习用的时间也可以少一些，甚至只要大致“过”一下就可以了。这样先密后疏，不但旧的知识巩固了，而且还可以空出更多的时间学习新内容。

另外，复习比较长的材料，最好不要时间太集中。比如有10课课文，一定要一天之内复诵一遍；200道算术课，一定要集中三天时间全部重做一遍，这样效果都不好。特别是外语单词，每天复习10个、20个，一点儿也不感到吃力，如果一天复习一二百个，又累又不扎实。所以，分散复习比较好。

分散复习好，那考前的阶段复习还要不要呢？当然还要。应该以平时的复习为基础，在阶段复习的时候特别注意使知识系统化。

什么时候进行单元或阶段复习，这是由教材和教师决定的。在这个时间里家长要特别关心儿童的状况，检查他是否按教师的要求认真复习，指导他把学过的知识系统化。例如，儿童先学习了加法应用题，又学会了减法应用题，就该进行一次阶段复习了。通过复习应指导儿童认识已知两个部分数求总数用加法；已知总数与一个部分数求另一个部分数用减法。使这部分知识系统化。儿童再碰到加减法应用题时，就会用系统的知识分析问题、解决问题了。又如，每学期期中和期末，必定是学校里进行阶段复习的时间。在这段时间里，家长就应主动关心和指导儿童的复习，不要因工作和家务把这件事忘掉。

在复习中运用尝试回忆的方法也是提高效率的有效手段。在复习中，追忆是不平衡的，一段课文某些部分已经记熟了，而另一部分还比较生疏，一遍遍从头温起，不熟的得不到足够的时间巩固，已经熟了的又一再“回锅重煮”也无必要。

在学校期间所使用的一个基本复习方法——背诵，是使小学生在较为长久的时期内成功发挥记忆能力的秘诀。

所谓背诵，就是大声地对自己或对别人重复所记忆的内容，而且必须保证与原始材料隔离开来。否则，可能会不自觉地通过偷看来提醒自己。

背诵秘诀有三个重要价值：

（1）它将确保在几个方面节省时间。

（2）它将暴露出记忆上的薄弱环节。

（3）它将保证记忆持续久远。

背诵能节省时间，这听起来或许有些令人奇怪，但它确实是一个节省时间的良策，它至少可以使小学生在两个重要方面节省时间。

第一，当能把所记忆的材料完整地背诵下来时，就充分证明已成功地将其全部记住，从而无需为进一步验证再花费时间。

第二，它将有效地缩短达到成功记忆所需的时间。

**【专家忠告】** 所谓过目不忘的人并非真的是对所有事物都只看一次就不会忘记，真正聪明的人往往是懂得应如何有效地去复习。

## 巧妙安排时间

1. 时间安排的重要性

有些小学生被考试逼得走投无路的时候，总想利用开夜车来一鼓作气记下大量的东西，遗憾的是这样做却往往收不到预期的效果，因为学习同一内容的时间过长会使学习效率大大降低。不了解这一点，总是埋怨自己“为什么老记不住”是不现实的。方法不当，结果会适得其反。

法国著名的记忆研究家爱富克斯专门请了一位有声望的记忆专家，对他进行了有关记忆量和记忆时间的关系的调查。结果证明记忆量增加2倍时，所需要的时间就要增加4倍；若记忆量增至3倍，时间就要高达8倍。一句话，学习时间同记忆量的关系自乘比例。当然，记忆专家有他的特殊记忆方法，所以这种结果不能说明一般人的水平。不过，对一般人来说，当记忆的材料增加了2倍时，要花的时间可能会增至4到5倍吧。

如果把这个原理应用到学习上，假如30分钟能记50个英语单词，可能就会使人产生一种轻率的想法：“照此进度学下去，再背200至300个单词也不成问题。”结果是，再背50个单词竟花了1个多小时间，如果不抓紧时间，费时还会更多。当我们明白了“早知道如此……”时，已经后悔莫及了。

开一晚上的夜车也只有几个钟头的有限时间，所以时间分配的错误，将导致我们付出的努力付之东流。在这种场合，如果明白了“需要的时间等于内容量的自乘”这个原理，我们就不会继续走死胡同了。学习疲倦时，可以换换气氛，改变一下记忆的内容，由记英语单词改记数学公式，以利于记忆的继续进行。从某种意义上说，这也不失为一种记忆的好方法。

2. 怎样合理安排时间

上学前的清晨与放学后的晚上，是大可利用的富余时间。清晨，头脑清醒，往往是识记的最佳时间。这已为实验所证明，也为大多数小学生所首肯。“一日之计在于晨”，要抓住这个有利时机去识记新的内容。

识记是记忆的基础。要想成功地提高记忆能力，首先必须从识记入手。所谓“记忆”，包括“记”与“忆”两大组成部分。“记”是“忆”的前提，没有“识记”，不可能有“回忆”。所以，识记，是成功记忆的最重要一环，把它放在清晨，再适当不过了。当然，这里也可能存在着细微的差异。有的人，在刚刚醒来时识记效果最好；有的人，则在醒后过一段时间，识记功能才会逐渐达到巅峰状态。但总的说来，清晨识记东西特别快，却是一个基本事实。

晚间，思维活跃，往往是理解的最佳时间。心理学研究表明，晚上八点到十点，人们的大脑皮层处于最兴奋状态，记忆系统最为活跃，对信息的回收能力也最强。借此良机，最好去重温早上识记的内容，这样，就能记得更牢。

**【建议】** 为了提高孩子的记忆效率，家长应注意帮助孩子安排复习时间。家长要注意观察和发现孩子的生物钟活动的规律，知道孩子什么时间学习什么内容记忆效果最好。同时，更为重要的是，要培养孩子学会自己安排学习时间，达到最佳的记忆效果。

## 培养良好的复习习惯

### 计划目标不可少

复习计划是复习工作的前提条件。制定复习计划，是使复习工作有秩序地进行，并实现计划目标的重要保证。复习计划中的目标，应有总体目标和各科的分目标。家长辅导孩子制定复习计划的目的就是把孩子的注意力集中在这些目标上，从而减少复习中的盲目性，控制复习的进度，有效地提高复习质量。

家长在辅导孩子制定复习计划时，应遵循以下几点要求：

1. 根据国家教委颁布的各科《教学大纲》和教材制订复习计划，使复习的范围与《教学大纲》的范围相统一；

2. 根据学生本人的实际制定复习计划，计划中提出的目标和任务应该是经过努力可以实现的；

3. 复习计划的任务要明确，措施要具体，完成任务的时间要落实。

制定复习计划，应注意长期计划与每日计划相结合。长期计划就是考试之前的这段时期内，复习的大致安排；每日计划是每天的具体安排。

一般说来，复习计划应包括以下几方面的内容：

1. 各科复习的基本要求和力争达到的定量标准；

2. 各科复习的重点与难点；

3. 复习的方式、方法；

4. 日程安排。

在制定复习计划时，还应注意以下几个问题：

1. 适当安排复习内容，相似材料不应交错复习

如果复习完一种材料，紧接着复习另一种与它相似的材料，两种材料会互相干扰，影响复习效果。例如，刚复习完汉语语法，不宜马上复习英语语法。此外，难易程度不同的材料也应交叉复习，不宜把难度大的材料都放在一起复习，以免造成劳逸不均，疲劳过度，影响复习效果。

2. 教材的整体与部分应结合起来进行复习

复习一个具有完整意义的材料，通常有整体复习、部分复习、整体与部分相结合复习三种形式。但综合复习（即整体与部分结合）的效果一般优于单纯的整体复习或部分复习。在运用综合复习形式时，材料分段范围的大小，应根据材料的内容、难度以及自己的能力来定。

3. 对一段教材中间部分的复习应该比两端部分稍多些

因为在记忆中间部分内容时，要同时受到前、后内容的干扰，因此困难较大。

## 复习时间巧安排

合理安排复习时间也是一门学问，其中有不少的规律可循。

**1. 分散复习与集中复习**

对同一个材料，拿出一整天时间来复习，叫做集中复习；每天拿出

2 小时来复习，一共复习 4 天，叫做分散复习。分散复习和集中复习的正确运用是提高复习效果的重要方法。一般来说，整理笔记、初次复习用集中复习为好，其他复习，分散复习的效果优于集中复习。集中复习会使大脑很快陷于疲劳，而分散复习不仅不会引起大脑疲劳，而且符合记忆规律，达到及时刺激的目的。所以，除集中整理笔记外，分散复习优于集中复习。

**2. 要恰当分布复习时间**

复习既要分散，又要分布恰当，要正确地分布各次复习所用的时间和间隔的长短。一般是初次复习所用的时间应多于以后各次复习的时间，而且间隔也应短一些，以后的复习时间则可以逐渐短一些，间隔长一些。此外，复习间隔时间究竟怎样确定，还要视材料的数量、性质和小学生本人的具体情况而定。

**3. 早晨复习与睡前复习**

早晨起床后头脑最清楚，是复习的好时间。大多数人都喜欢起早复习，但心理学研究证明，临睡前复习效果最好。因为制约复习效果的因素主要是在复习之后的干扰大小。睡前复习，由于复习之后立即入睡，没什么干扰，所以遗忘少。而早晨学习后，上午要进行复杂的工作，这些活动明显地干扰了刚刚学习的材料，所以产生了较多的遗忘。有人习惯于每天睡觉前，总要把一天的学习内容，像过电影一样在头脑中过一遍，这样就能收到巩固记忆的效果。

**4. 找出最佳的复习时间**

人在一天的不同时间里，记忆效果是不一样的。某一段时间，记忆效果似乎特别好，而在另一些时间里效果就相对地差一些。这就是说，有一个最佳复习时间存在。在这段时间里进行复习，就可以收到事半功倍的效果了。

由于各人的个性特点、生理条件和学习习惯的不同，最佳复习点也不会是完全一样的。因此，家长要设法找出孩子的最佳复习点。怎么找呢？可以注意观察孩子一天之内哪段时间精神最容易疲劳，先把这段时间排除掉，然后以 1 小时为单位，作记忆效果的记录，并根据记录绘制出不同单位时间的记忆效率曲线。纵坐标表示记忆效率，横坐标记不同单位的时间。十天半月以后，把每天的效率曲线加以比较，看看能不能找出学习效率的共同点。时间一长，这类资料积累多了，就不难发现孩子复习的最佳点了。

为了合理地进行复习，不仅复习时间的安排是重要的，而且各次复习的间隔时间的安排也是重要的。那么，间隔时间是平均分配比较好呢。还是根据情况酌量增减比较好呢？一般说来，在复习过程的初期，间隔时间应当短一些，然后要逐渐延长。头一天应把材料复习两遍，第二天应复习一遍，第三天不应复习，第四天再复习一遍，然后空过两天，到第七天复习最后一遍。在对复习做了这样的组织之后，可以很好地保证复习效果。

如果把五次复习全放在第一天里进行，巩固效果就很糟糕。如果头一两天根本不进行复习，把复习全挪到最后一两天，那将是个原则性的错误，因为在这种情况下学过的东西有可能在开始复习之前便已经彻底忘掉，以致于根本无法进行复习。

表 4—1：合理的复习

| 第一天 | 第二天 | 第三在 | 第四天 | 第五天 | 第六天 | 第七天 |
|---|---|---|---|---|---|---|
| * * | * | | * | | | * |

表 4—2：不合理的复习

| 第一天 | 第二天 | 第三在 | 第四天 | 第五天 | 第六天 | 第七天 |
|---|---|---|---|---|---|---|
| * | * | * | * | * | * | * |

## 复习方法多样化

### 1. 及时复习法

学习最怕遗忘，所以才复习。根据心理学家的研究，遗忘有以下几个特点：

（1）学习结束后，遗忘就已开始。

（2）遗忘速度的规律是“先快后慢”。

(3) 大部分遗忘是由于干扰所造成的，即新学知识对旧知识的干扰。

(4) 不用的东西会很快被遗忘。

怎么样及时复习呢?

第一次复习，下课后立即整理笔记，并记住其要点。阅读后，立即用自己的话复述一遍。这是保持记忆的最好方法。第二次复习，重新看一遍笔记，将要点用自己的话复述一遍。有不明白之处，立即向老师请教。第三次复习，每周一次，将本周和以前所学的东西全部复习一遍，串起来思考、记忆。

这样有系统地及时复习会收到最佳记忆效果。

### 2. 后退复习法

当复习中出现难点搞不清时，说明这部分知识在理解上还存在问题，对有关知识理解得不深不透。因此，应倒退回去重新学习一下，再前进。如果还不完全清楚应继续后退。这样会逐步找出“病根”所在。

这种方法表面上看很慢，又浪费时间。其实，找不出“病根”的复习才是最危险、最浪费时间和精力的。通过倒退复习法找出“病根”，重建了基础，就会很快回到“现在”上来。因此，它是最快、最有效的方法。

### 3. 过“电影”法

合上书本，用脑子回忆，把所有复习的功课及重点问题，从头到尾再现一遍，看能不能想起来，再现得对不对。若有想不起来或者不对之处，过完“电影”之后，立即看书查对。此法最好在临睡之前进行。其好处是：自我检查，心中有数，查漏补缺，提高复习效果。

### 4. 讲演法

可在僻静之处，如家中院落、野外等，独自面对某一个物体，大声地指手画脚演讲，把复习过的知识，从头到尾讲述一遍或几遍，还可自问自答。好处是：在讲解过程中，大脑进行紧张的思维活动，能把问题有条理地讲出来，必然能加深对所复习知识的理解与记忆。

### 5. 争辩法

就是开展同学之间的争议辩论，各抒己见，热烈地争论。好处是：真理越辩越明，通过争论，思路开阔，各有补益，使问题要点更加全面，观点更加明确。

### 6. 床头贴

在床头贴上几张卡片，上面简要写上各科术语、年代、地名、原理以及其他知识，常换常贴。好处是：一目了然，抬头见公式，低头解难题。

### 7. 运动法

在来往学校的路上，边走边回忆背诵一些基本概念和原理。经验证明，人体活动时，能迅速诱导大脑思维问题，急中生智就是这个道理。好处是：记忆清晰、节省时间。

### 8. 袖珍本法

把重点公式、定理、定律，英语单词、概念、原理，简要地分别整理在几个小本子上，每页正面记问题，背面记答案。好处是：携带方便，随时随地都能复习。

### 9. 小考问法

同学之间互相考试提问，口头和书面相结合。好处是：取长补短，加强记忆。

### 10. 请先生法

就是请同学把你不懂的问题讲一遍。好处是：节省复习时间，提高复习效果，不耻下问，是一种解决疑难问题的较好方法。

### 11. 总结法

在复习完某一单元或者一门学科之后，回过头来总结一下，进行知识归类，使其系统化，并找出纵横联系。对知识纵的画线，即用最主要的基本原理、公理、定律为线索，把各部分知识串联起来，从中发现其规律性，并找出各自的特点；横的挂钩，即把不同的学科或者不同知识挂起钩来。其好处是：系统、完整地掌握所学过的知识，融会贯通，便于记忆，灵活运用，提高分析问题和解决问题的能力。

## 循序渐进有层次

要提高复习效果。反复背诵是一种行之有效的好办法。这是不言而喻的。不过这样做需要花很多时间和精力，使复习进度大大放慢，能不能找到一种既记得快，又记得牢、记得准的方法呢？根据教育心理学家的研究，最好以退为进，采用循序渐进的反复法。

具体做法是：先将要记的内容分成三部分。第一部分读完以后马上读第二部分，而第二部分读完后就不能再继续深入，应该马上回头，将第一部分和第二部分的内容复习一遍。然后才开始学习第三部分。当然，当第三部分读完之后则应该马上从头到尾复习一遍，以强化记忆。这就是循序渐进复习法。这种方法可以避免出现记忆的自然脱节现象，而且没有后顾之忧。这种方法不是一次学完全部内容，而是在复习已知的内容中去理解未知的难点，然后再去把握中心思想，所以十分便于记忆。

## 全神贯注不分心

集中精力，全神贯注，这是搞好复习的首要条件。不能集中注意力，就会干扰正常的复习效果。要集中精力，应做到以下几点：

1. 不要犹豫不决

有些学生到复习时才考虑“应复习什么”、“先看什么”等问题，这样不仅浪费时间，而且很容易涣散注意力。解决方法是应该有个详细的复习计划，有条不紊、按部就班地复习。

2. 减少胡思乱想

一些小学生复习时总会出现一些其他的念头，胡思乱想，做“白日梦”，这是极不好的习惯。每当思想不集中，另有所想时，应有意识地立即中断这些念头。

3. 避免情绪困扰

在复习中，小学生有时会突然想起还没解决的其他问题，如师生关系、同学关系等，它会使小学生产生一种不好的情绪，妨碍正常复习。这时家长应告诉孩子把问题写下来，然后先收回注意力复习，等复习后再考虑这些问题。

4. 采用备忘录

日常生活有许多要做的事，比如寄信、买东西，把这些事记到备忘录上，这样既不会分心，又不会影响安心读书。

5. 不要强忍饥渴

复习中出现饥渴是正常的生理现象。如果急于复习，不理会它，饥渴的感觉会使学生精神分散，影响复习。这时，家长应鼓励孩子用几分钟，喝点水，吃点东西，抖擞精神，再去复习。

6. 要在固定的地方学习

家长最好为孩子开辟一个自己专用的空间，如果房间少，也可以用布帘或书橱、立柜等家具与外界隔开。否则，争取一张书桌也可以。总之，得有一个使孩子安下心集中精神复习的空间。这样，就会使固定的学习空间与学习意识自然联系起来。如果没有固定的复习场所，就很难集中精力。

7. 关于背景音乐

有相当一部分学生喜欢边听音乐边复习，认为这样可以在轻松愉快中复习。一般地讲，学习环境越安静越好，这样可以一心用在学习上。如果周围噪声很大，利用自己喜欢的音乐来抵抗一下这种干扰倒也是一个好办法。当然，要听就听幽静的乐曲，像小夜曲之类，不能听节奏太快的打击乐或各种歌曲。

## 一张一弛除疲劳

有许多小学生刚复习不到半小时，就打呵欠，眼皮沉重，接着放下书本，随手拿起一本杂志，兴致勃勃地阅读一个多钟头，毫无半点倦意。显然，这不是真正的疲倦，而是“枯燥”所引起的大脑皮层的抑制。

解决方法有以下几点：

1. 保证孩子足够的睡眠、营养和运动，保持良好的生理状态。

2. 注意椅子和书桌的比例，椅子太高或过低都会产生疲劳，影响复习效果。

3. 安排不同学科交替复习，以免长时间复习一门功课，而感到厌倦，产生疲劳。

4. 对一些枯燥乏味的学科，可采取家长与孩子讨论的复习方法。由于家长与孩子间的相互影响，会使枯燥无味的科目变得有趣味。

5. 注意室内采光。书桌最好朝阳，这样不仅光线充足，而且冬暖夏凉。学习时要注意避开强光，因为强光会刺激儿童视觉神经，产生疲劳；但如果室内照明不足，也容易使人疲劳。

6. 要注意室内通风，因为二氧化碳和一氧化碳过多，会降低学习效率。室内的最佳温度是18℃～20℃，这是儿童的快感温度。夏天应设法保持在30℃以下，否则就容易产生厌倦。湿度应保持在30%～80%之间，过分干燥和潮湿都会影响学习。

7. 看些不同的参考书。不同的参考书，作者不同，其表达技巧、语言风格也不同。小学生可能会找到适合自己口味的参考书，这样能大大提高他的复习兴趣。

## 错误观念要清除

### 1. 消除“圆周效应”

随着复习的不断深入，许多小学生对所学内容反而会感到越来越没有把握，就好像一个圆随着圆面积增大（学习掌握的内容不断增多），周围与外界的接触面不断扩大（越来越多地涉及到其他没掌握的关联内容，能提出的问题也会越来越多），这就是所谓的“圆周效应”。

在复习过程中消除“圆周效应”的主要方法是：

家长要辅导儿童冷静地、不断地回顾教学大纲的主要要求，找出知识之间的内在联系，抓住最基本的概念、定律、定理，推演出该学科的全部知识。不断提醒孩子树立信心：“我学得很好”，“我完全可以很好地应试”，就可以解决这个问题。

2. 不要存在侥幸心理

有些小学生在复习时总是自以为是地设想不会考某一问题，这实际上是一种侥幸心理，结果在考试时遇到了这一问题．一下子就慌了，不仅影响了对这个问题的解答，还影响了自己的情绪以及对其他问题的解答。因此在复习时虽不能对所有问题一视同仁，花一样的力气，但也不能舍此忘彼。对简单的问题要防止掉以轻心，以免因忽视造成遗忘；对复杂的材料也不要因畏难而不作深入理解，只依赖于机械记忆，以免不能适应比较灵活的试题。

**【专家忠告】** 古人云：“行成于思而毁于随。”做任何事情，我们都需要养成良好的习惯。请检查一下您的孩子的复习习惯是否符合学习与记忆的规律。

习惯成自然。良好的习惯将使您的孩子一生受益。

# 五　临渊羡鱼，莫若退而结网

## ——利用记忆规律，掌握有效的复习技法

★临渊羡鱼，不如退而结网

★未雨绸缪，方为上策

★有效的复习方法是考场上战无不胜的武器

## 科学有效的记忆方法

长期以来，人们根据心理学研究成果和经验总结，归纳出许多行之有效的记忆方法与技巧，下面简要介绍若干种。

### 有意记忆法

1. 什么是有意记忆法

有明确的目的或任务、凭借意志努力记忆某种材料的方法，叫做有意记忆法。相反，没有明确的目的或任务，也不需要意志努力的记忆方法，称为无意记忆法。心理学研究表明，有意记忆的效果明显优于无意记忆效果。为了系统地掌握科学知识，必须进行有意记忆。

宋朝有个读书人叫陈正之，他看书看得特别快，抓住一本书，就一个劲地赶着往下读，一目十行，囫囵吞枣。他读了一本又一本。花费了很多时间和精力，可是效果很差：读过的书像过眼烟云，很快就忘记了，几乎没有留下一点印象。这使他十分苦恼，疑心自己是不是记忆力

不好。

后来，有一天，他遇到了当时的著名学者朱熹，就向朱熹请教。朱熹询问了他的读书过程以后，给了一番忠告：以后读书不要只图快，哪怕每次只读50字，重复读上多遍，也比这样一味往前赶效果好。读的时候要用脑子想、用心记。陈正之这才明白，他读过的书所以记不住，不是因为他的记性不好，而是学习目的不明确，方法不对头。他把读书多当成了读书的目的，忽视了对书籍内容的理解和记忆。这样匆忙草率地读书，既不消化书中的内容，又不有意识地进行记忆，他的记忆效果当然是不会好的。

以后，陈正之接受了朱熹的劝告，每读完一段书，就想想这段书讲了些什么，有几个要点，并且留心把重要的内容记住。经过日积月累，他终于成了一个有学识的人。

心理学家做过这样的一个实验：他们请老师给两个班的同学布置了默写课文的作业，都说第二天测验，第二天果真测验了，结果两个班成绩差不多，测验后，只告诉一班同学两星期后还要测验一次，二班同学不知道。两个星期后又进行测验，一班同学的成绩比二班同学要好得多（一班同学在测验前也没有复习）。这说明，并不是一班同学比二班同学更聪明，记忆更好，而是由于老师在第一次测验后，对一班提出了更长久的记忆目标，结果一班同学就记得长久些。

这个实验告诉我们，在学习中要养成一种习惯，严格要求自己，给自己明确提出记忆的目标，这样才能有好的记忆效果，有的同学学习仅仅是为了应付老师提问和作业、为了应付考试，那么他掌握的知识就不可能牢固。这些同学，虽然花费了同样的时间和精力复习功课，可是考试一完，他们就认为大功告成了，把功课全丢到脑后，结果，学过的内容很快就忘记了。

### 2. 怎样进行有意记忆

进行有意记忆，首先要有明确的任务。任务明确，就能调动心理活动的积极因素。全力以赴地实现记忆的任务。任务越明确、越具体。记忆效果就越好。例如，英语单词不好记，但又必须记住，因此，你可以把生词写在小卡片上，规定自己每天必须记住20个生词，并及时进行复习与检查。这样，日积月累，你的词汇量就会大增。

其次，有意记忆要有意志努力的参与，也就是我们常说的“专心致志”。要下决心记住一段材料，就要进入“两耳不闻窗外事”，“头悬梁，锥刺股”的境界，如果面对着要记的东西，连连叫苦不迭，或漫不经心，或知难而退，都不会取得好效果。

## 理解记忆法

### 1. 什么是理解记忆法

在积极思考、达到深刻理解的基础上记忆材料的方法，叫做理解记忆法。理解记忆的基本条件是对材料的理解和进行思维加工。有些材料，如科学概念、范畴、定理、法则和规律、历史事件、文艺作品等，都是有意义的。人们记忆这类材料时，一般都不采取逐字逐句强记硬背的方式，而是首先理解其基本涵义，即借助已有的知识经验，通过思维进行分析综合，把握材料各部分的特点和内在的逻辑联系，使之纳入已有的知识结构，以便保持在记忆中。理解记忆的全面性、牢固性、精确性及迅速有效性，依赖于小学生对材料理解的程度。

理解记忆的效果优于机械记忆。德国著名心理学家艾宾浩斯在做记忆的实验中发现：为了记住 12 个无意义音节，平均需要重复 16.5 次；为了记住 36 个无意义章节，需重复 54 次；而记忆六首诗中的 480 个音节，平均只需要重复 8 次！这个实验告诉我们：凡是理解了的知识，就能记得迅速、全面而牢固。不然，愣是死记硬背，那真是费力不讨好。

理解记忆是以理解材料内容为前提的，这种理解不仅指看懂了材料，而且包括搞懂了材料各部分之间的逻辑联系，以及该材料和以前的知识经验之间的关系。

我们平常说泰国的首都是曼谷，实际上这是一个简称，泰国首都的全称是“共台甫马哈那坤奔他娃劳狄希阿由他亚马哈底陆浦改劝辣塔尼布黎隆乌冬帕拉查尼卫马哈洒坦”共四十一个字。

要把这四十一个字都背下来，可不是一件容易的事，恐怕比记圆周率小数点之后四十一位还要难得多。

再请同学们背这两首诗，一首是李白写《望庐山瀑布》：

日照香炉生紫烟，
遥看瀑布挂前川。
飞流直下三千尺，
疑是银河落九天。

还有一首是唐朝著名诗人王之涣的绝句《登鹳鹊楼》：

白日依山尽，
黄河入海流。
欲穷千里目，
更上一层楼。

这两首诗的总字数比泰国首都全名还要多七个，可是只要读几遍也就会背了，原因就在于这两首诗形象易懂。

### 2. 怎样进行理解记忆

既然记忆有这种规律特点，那么在学习的时候就要经常有意识地运用理解记忆，在记忆的时候展开积极的思维，这样才能取得良好的效果。如果在可以运用理解记忆的时候不去运用，而偏偏要使用机械记忆进行无意义的重复，那可就不止事倍功半，而是相差十倍、二十倍了。老师和同学们常说“死记硬背不好”、“不要死记硬背”，指的就是这种情况。

我们在记忆材料的时候，只要它是有意义的，就应该向自己提出“先理解、后记忆”的要求，把材料分成大小段落和层次，找出它们之间的逻辑联系，而不要从一开始就逐字逐句地记。

就说背古文，如果不把古文的意思弄懂，那么就会像背天书一样，非常吃力。如果把古文里的实词、虚词都弄懂了，把全篇的中心意思掌握了，这时再背，就是在理解基础上记忆，背起来就有兴趣得多，也快得多，印象也深得多。

我们说理解记忆效率高、效果好，是不是说只要理解了就一定能记住呢？这可不一定。对于理解的东西，往往也还需要多次重复才能记住。有的同学理解了某个学习内容，就以为学习过程已经结束，没有有意识地要求自己记住它们，不再通过重复加深印象，那么，是不可能把学习内容完全、准确地记住的。

# 联想记忆法

## 1. 什么是联想记忆法

利用联想来增强记忆效果的方法，叫做联想记忆法。联想，就是当人脑接受某一刺激时，浮现出与该刺激有关的事物形象的心理过程。一般来说，互相接近的事物、相反的事物、相似的事物之间容易产生联想。用联想来增强记忆是一种很常用的方法。美国著名的记忆术专家哈利·洛雷因说："记忆的基本法则是把新的信息联想于已知事物。"

## 2. 联想记忆法的种类

联想记忆法分为以下三种具体方法：

(1) 接近联想法

两种以上的事物，在时间或空间上，同时或接近，这样只要想起其中的一种便会接着回忆起另一种，由此再想起其他。将记忆的材料整理出一定顺序就容易记得多了。

例如，有的同学有时候一下子记不起一个很熟的外语单词，明明是经常温习的，连这个字在教科书上什么位置都能回忆起来，可一下子就想不起来了，那他就可以从这个字在书上什么地方想起，想想它前面是个什么词，后面跟了一个什么词，这样反复地联想，往往能回忆起这个单词来。这个词和前后词的关系是位置接近，这种联想就叫空间上的联想。还有一种时间上的联想。比如一个同学在一本辞典上看到对某个词的很有意思的说明和解释，告诉了同座的同学。那个同学也很感兴趣，问他是在哪本辞典上查到的，要去亲自查看一下全文。可惜他已经记不确切是查的哪本辞典了。怎么办呢？于是这位同学就回忆当时查辞典的情形。首先想起是前天晚上查到的，记得那天晚上他还为这事高兴了好一会。再仔细一想，噢！有了。这个词是在《辞海》上看到的。因为自己前天晚上只查过《辞海》，其他那些辞典前天上午就都归还图书馆了。这样，通过时间上的联想，准确地回忆起自己查的是《辞海》，不是其他辞典。

（2）相似联想法

当一种事物和另一种事物相类似时，往往会从这一事物引起对另一事物的联想。把记忆的材料与自己体验过的事物相连结起来，记忆效果就好。

在外语单词里，有发音相似的，有意义相似的，这些都可以利用相似联想法来帮助记忆。

辽宁黑山北关实验学校和北京景山学校在小学低年级试验一种集中识字的方法，可使学生在两年内认字2500个，阅读一般书籍报纸。这种识字法就运用了类似联想记忆法的道理，把字形、字音相近，能互相引起联想的字编成一组一组的，像把“扬、肠、场、畅、汤”放在一起记，把“情、清、请、晴、睛”放在一起记。每组汉字的右边都是相同，每组字的汉语拼音也有共性，前一组的汉语拼音后面都是“ang”，后一组的汉语拼音都是qing，这样就可以学得快，记得住。

（3）对比联想法

当看到、听到或回忆起某一事物时，往往会想起和它相对的事物。对各种知识进行多种比较，抓住其特性，可以帮助记忆。这就是对比联想法。

许多诗歌、对联大多是按对仗的规律写出来的。如：杭州岳飞庙有这样一副楹联，写的是“青山有幸埋忠骨，白铁无辜铸佞臣”。“有”和“无”是相反的，埋下烈士忠骨和铸就奸臣是相对比的。相传这里埋着民族英雄岳飞的忠骨，后人由于痛恨奸臣秦桧用阴谋害死了他，用铁铸了秦桧夫妇的跪像放在墓前。只要记住这副对联的上句，下句也就不难凭对比联想回忆起来了。同学们背律诗，往往感到中间两联好背，原因就是律诗的常规是中间两联对仗。对仗常用这种对比，例如“金沙水拍云崖暖，大渡桥横铁索寒”。又如唐朝诗人王维的《使至塞上》诗的中间两联：“征蓬出汉塞，归雁入胡天。大漠孤烟直，长河落日圆。”相对比之处很多，由前一句可以很自然地想起后一句。据心理学家研究，儿童的对比联想十分丰富，比如儿童看电影，常常要问哪个是好人，哪个是坏人就是这个道理。

3. 怎样用联想法学习外语

学习外语，不少小学高年级学生都用生词卡，把一个个外文单词及其音标、词类和中文词义记在单词卡上，一有空就拿出来看看读读，这确是个有效的方法。但是，利用上面提到的联想规律，就能够增进这种方法的记忆效果。

（1）将词形相似的词放在一起记。例如：breserve、reserve、observe、deserve 4 个词都有相同的词根 serve，把它们放在一起记，利用相似联想，既利于找出它们之间的内在联系，又利于辨别、区分它们的中文词义。

（2）将中文词义相同或接近的词放在一起记。例如：get、obtain、acquire、gain 4 个词都有“得到”的意思，把它们放在一起记、利用接近联想，可以举一反三，提高记忆效率。

（3）将反义词放在一起记。例如：black（黑）与 white（白），superior（上等的）与 inferior（下等的）词义相反，把它们放在一起，利用对比联想，由一词引起对它的反义词的回忆。

联想记忆法在商业广告上有时会收到意想不到的效果。例如，1931年，上海有家汽车出租公司，他们电话号码是“40000”，为了使乘客能记住这个电话号码以招徕生意，他们就利用人民群众当时高涨的爱国热情，大力宣传“四万万同胞请打‘40000’号电话”，这就使它很快成为上海最大的一家出租汽车公司。

## 多通道记忆法

1. 什么是多通道记忆法

要记忆外部信息，必先接受这些信息，而接受信息的“通道”不止一条，有视觉、听觉、动觉、触觉等等。有多种感知觉参与的记忆，叫做“多通道”记忆。这种记忆方法效果比单通道记忆强得多。

古书《学记》中有这样一句话：“学无当于五官，五官不得不治。”意思是说，学习和记忆如果不能动员五官参加活动，那就学不好，也记不住。这说明远在2000年前我国古代人就已经认识到读书学习要用眼看、用耳听、用口念、用手写、用脑子想，这样才能增强记忆效果。

宋代学者朱熹说，读书要三到："谓心到、眼到、口到。心不在此，则眼不看仔细，心眼既不专一，却只漫浪诵读，决不能记，记亦不能久也。三到之中，心到最急，心既到矣，眼、口岂不到乎。"

现代科学研究表明，人从视觉获得的知识，能够记住 25%，从听觉获得的知识能够记住 15%，若把视觉与听觉结合起来，能够记住 65%。

有位老师曾经用三种方法让三组同学记住 10 张画的内容：对第一组同学，他只是告诉说画上画了些什么，并不给他们看这些画。也就是说这组同学只是听，没有看。对第二组同学正好相反。老师只给他们看这 10 张画，可是不再给他们讲每张画画了些什么。也就是说这组同学只是看，没有听。对第三组同学是又让听又让看。老师不但告诉他们画的内容，而且在讲每张画的内容的同时，就给他们看那张画。过了一段时间，老师分别问这三组同学记住了多少画的内容。结果第一组记住的最少，只有 60%；第二组稍多，记住了 70%；第三组记住最多，达到 86%！这说明只听不看的同学记得最少，只看不听的同学记得稍多一点，又听又看的同学记得最多。这还仅仅是两种感觉器官并用，记忆效果就比只用其中一种好得多。如果把所有的感觉器官一齐调动起来，记忆效果就更好了。

### 2. 怎样进行多通道记忆

多通道记忆法动员脑的各部位协同合作。来接收和处理信息。这种方法在掌握各种语言文字的过程中效果最显著。因为不论哪一种语言，学习目的总是为了读、写、听、说，这四种能力恰恰涉及到信息输入和输出的四种不同的通道，因此，在学习语文、外语等课程时，最好采用多通道记忆法。

有的同学上课不喜欢记笔记，这就不太好。现在的学习内容较简单，记不记笔记效果有时还不是太明显，将来上了中学、大学，一定要掌握这个方法。记笔记不但可以便于以后查找复习，还可以加深听课印象。俗话说："眼过千遍，不如手写一遍"，这就是强调动笔对于记忆的重要。记笔记并不是要你们把老师说的每句话都记下来。写字比听话慢，如果逐字逐句去记，不但记不下，而且还会影响听讲，达不到记笔记的目的。正确的做法是，以听懂为第一，边听边积极思维，总结出老师讲课内容的要点，在讲课停顿的空隙，记上几个字或一句话。

## 精选记忆法

对记忆材料加以选择和取舍，从而决定重点记哪些，略记哪些，这种记忆方法叫做精选记忆法。

对记忆材料之所以要加以选择，是因为小学生每天接触的信息太多了。这些信息并不是都需要记忆的。教材和笔记中很多详细的说明性文字、同一类型的很多道习题、非重点的内容、可以根据其他公式推导出来的那些较复杂难记的公式等，都可以忽略不记。这样，就可以拿出主要精力记忆那些对考试来说最重要、最有意义、最有价值的材料。

什么是最重要、最有意义、最有价值的材料呢？就是某一学科的重点、难点、关键问题，是那些老师不断强调的问题。牵牛要牵牛鼻子，记忆要选择知识的“牛鼻子”。

因此要想考出好成绩，必须对所学知识充分消化理解，精选重点内容，把它们牢牢地记住。

许多公式、定义、定理、定律是精髓和本质所在，要理解，也要牢记。它们往往是以一当十，有着举一反三的作用。

有些人对一些解题过程和答案也要强行背下来，是完全没有必要的，考题是千变万化的，它要求你灵活地运用公式或定理，绝不会要你去死记。

学习好的人，记忆力强的人，往往善于抓住重点，抓住精髓，善于组织材料。据说古时候，有的人记忆力极好，甚至可以把文章倒背如流，过目成诵。可是郑板桥却看不起这种人，把他们叫做“没分晓的钝汉”。怎么个没分晓？就是不分主次、轻重，不管有用、无用，一股脑儿全都背下来。

有位小学高年级学生在谈到精选记忆法时说：“修辞格有数十种之多，但常用的不过十几种，在认真学习每种修辞格之后，我把常用的十二种修辞格浓缩成顺口溜：‘比喻、借代、比拟、夸张、双关、反语、设问、反问、反复、对照、对偶、排比’，并且以这二十个字为主，列成一张表。在编排中，除了让它好读、押韵，便于记忆外，还把容易混淆的放在一起，用箭头标出，在下边用简练的语言注上联系与区别或特性，记住了顺口溜也就记住了十二个主要的修辞格，根据排列的位置，想到几组修辞格的异同，进而想到它们的全部特点。这样，在分析句子时就能做到条理清晰，不易混淆和遗漏了。”

## 谐音记忆法

这是利用谐音来帮助记忆的一种方法。许多学习材料很难记忆，在它们之间不易找出有意义联系。例如，历史年代、统计数字等等。如果对这些学习材料利用谐音加某种外部联系，这样就便于记存，易于回忆。

据说，一天，有位老师上山与山顶寺庙里的和尚对饮，临走时，布置学生背圆周率，要求他们背到小数点后 22 位：3.1415926535897932384626。大多数同学背不出来，十分苦恼。有一个学生把老师上山喝酒的事结合圆周率数字的谐音编了一句顺口溜：“山巅一寺一壶酒，尔乐苦煞吾，把酒吃，酒杀尔，杀不死，乐而乐。”待老师喝酒回来，个个背得滚瓜烂熟。这种聪明的学生就是利用谐音法来帮助记忆的。

利用谐音法还可以帮助记忆某些历史年代。不少学生觉得记忆历史年代是件很苦恼的事，不容易记住，而且还容易混淆。但是，要学好历史，又必须记住历史年代，因为没有时间也就无所谓历史。于是，许多考生利用谐音法来帮助记忆历史年代。例如，马克思生于 1818 年逝世于 1883 年。那么，可以这样来记，“一爬一爬（就）爬（上）山（了）”。再如，甲午战争爆发于 1894 年，用它的谐音：“一把揪死”，就非常容易记住。

当然，谐音记忆法只适于帮助我们记忆一些抽象、难记的材料，并不能推而广之，用于记忆所有的材料。

# 口诀记忆法

把记忆材料编成口诀或合辙押韵的句子来提高记忆效果的方法，叫做口诀记忆法。这种方法可以缩小记忆材料的绝对数量，把记忆材料分组、组块来记忆，加大信息浓度，增强趣味性，不但可减轻大脑负担，而且记得牢，避免遗漏。

心理学研究表明，人的记忆是以“组块”为单位的。每个组块内的信息量多少是相对的。一个字母可以看作一个组块；一个单词、一个词组也可以看作一个组块；一个句子也可以作为一个组块。组块内部的信息不是各自孤立，而是相互联结的。如果善于把记忆材料分成适当的组块，就能够大大提高记忆效果，口诀记忆法就是符合组块规律的一种记忆方法。

口诀大都押韵，朗朗上口，容易记忆。例如。我国的二十四节气歌，在劳动人民中间世代相传，具有强大的生命力：

春雨惊春清谷天。
夏满芒夏暑相连；
秋处露秋寒霜降，
冬雪雪冬大小寒。
上半年来六、廿一，
下半年是八、廿三；
每月两节日期定，
最多相差一两天。

除二十四节气歌外，乘法口诀、珠算口诀、“百家姓”等都是运用口诀记忆法的实例。

编口诀有许多种方法。

有一个标点符号的顺口溜，用的是罗列法：

一句话说完，画个小圆圈（。句号）；
中间要停顿，小圆点带尖（，逗号）；
并列词句间，点个瓜子点（、顿号）；

并列分句间，圆点加逗号（；分号）；

疑惑与发问，耳朵坠耳环（？问号）；

命令或感叹，滴水下屋檐（！感叹号）；

引用特殊词，蝌蚪上下窜（“”引号）；

文中要解释，两头各半弦（（）括号）；

转折或注解，直线写后边（——破折号）；

意思说不完，点点紧相连（……省略号）；

特别重要处，字下加圆点（·着重号）。

编口诀还有一种利用形象的方法，易于引起联想帮助回忆。例如汉语拼音字母的“n、m”样子像门，“f,’像拐棍，“t”像伞把，“h”像椅子，“k”像有个东西往墙上磕，“l”的发音像“嘞嘞嘞”的声音。于是可以编成口诀：

一门 n、二门 m，

拐棍 f，伞把 t，

椅子 h，碰壁 k，

小棍赶猪嘞嘞嘞。

对于一些容易混淆的字，我们用发掘特征的办法编成口诀特别便于记忆，容易分辨。比如，己、已、巳几个字容易混，可以编成这样的口诀：

堵巳不堵己（自己的己）。

半堵才念已（已经的已）。

买、卖这两个字很多小学生容易弄混，可以运用联想法编成口诀：

少了就买，

多了就卖。

在日常生活中，人们通常是缺少了什么东西才去买，“买”字恰恰比“卖”字少了个“十”字头，因此可以联系起来记。

我们还可以用前后对比的方法编口诀。比如下面这个代数公式：

$(a\pm b)^2=a^2\pm 2ab+b^2$ 我们就可以编成这样一个口诀：

首平方，尾平方，

首尾两倍在中央，

二项符号看前面，
它们两个都一样。

多种方法综合起来编口诀也很方便，比如综合罗列法、特征法、直观形象法很快就可以把“熟”字编成这样的口诀：

一点一横长，口字在中央，
子字来报信，九个一起忙，
下点一把火，烧熟一锅汤。

这些不同的编口诀的方法，我们可以根据情况加以运用。不过要注意的是，如果口诀很不容易编，记忆的对象又并不常用或者很简单，用其他方法记忆很方便，那就用别的方法。否则为了编口诀就花去很多时间，就有些得不偿失了。

## 掌握有效的复习技法

掌握正确的复习方法，不断提高复习的技能技巧，是提高复习效率的重要条件和手段。只有掌握和运用有效的复习技巧，驾驭自己的学习，才能学得更好，考得更好。

复习方法的选择非常重要。方法对了，可以事半功倍；方法错了，则事倍功半。

### 网络复习法

**1. 什么是网络复习法**

许多知识的本身都有自己的内在的逻辑联系，新知识又往往是旧知识的发展、延续或扩大。段落之间、章节之间同样存在着逻辑层次和有机联系。读书学习的最大秘决就在于掌握思路的两条基本线索：一是新旧知识间的联系；二是各部分知识间的内在联系。一旦将新知识纳入已有的知识结构，也就因此扩大了自己的知识网络。

当新材料和新知识形成联系、并获得意义上的支点后，学习者便可较容易地掌握新材料，并易于保持和再现；而对教材结构的合理组织，能减少材料的复杂性，从而便于记忆和再现。对各种作用于人脑的外界信息（即学习材料等）加以组织编排后，有利于大量地储存信息，更有助于顺利地提取信息。

网络学习法的有效程度，主要取决于小学生的联想能力和类集能力。

联想是由一事物的观念想到另一事物的心理过程，联想活动主要服从以下规律：

（1）接近律，即在时间或空间上接近的事物容易引起联想。

（2）相似律，即在性质上相似的事物容易引起联想。

（3）对比律，即性质相反的事物容易引想联想。

（4）因果律，即具有因果关系的事物容易引起联想。

在举一反三的推理过程中，联想起着非常重要的作用。

类集能力是指把一些毫无联系的材料按类别顺序来识记的能力。例如，桌子、椅子、钢笔、稿纸、小猫、小狗、沙发、练习本、松鼠等等。我们可以把这些毫无秩序、不同种类的材料，按其类别来识记，如桌子、椅子、沙发属于家具；小猫、小狗、松鼠属于动物；稿纸、钢笔、练习本属于文具。这便是类集能力的反映。

在平时，家长应当有意识地训练自己孩子的联想能力与类集能力，以便把学到的个别知识分门别类地纳入一定的知识体系，使知识网络化，这样就可使所学知识完整系统，并能举一反三、触类旁通。

### 2. 怎样进行网络复习

那么，在学习一本教科书时，家长应怎样辅导小学生进行网络学习呢？

第一，先要仔细了解目录和各章节小标题，这样能使他对该书的各部分的内容及其逻辑层次、内在联系有个大概粗略的了解。同时，要尽量回忆、联想与该书内容有关的已有经验和表象，并据此组织已有的知识结构。

第二，在阅读每一章节时要注意：

（1）利用新旧联系，以旧带新，将新知识整个同化于原有的知识结构中；

（2）探索本章节内容与其前后章节的联系，以及在全书中的地位；

（3）搜寻本章节的重点、难点、疑点和新点。

第三，在每读完一章节后暂停一下，将其要点予以概括，领会其要义，找出贯穿全文的主线，再调整组织孩子的知识结构，并根据原先了解的各章节大致联系，可先行推测一下下一章节要讲什么内容。

第四，读完全书后，在对各章节要点概括的基础上进行较全面的整理归纳，找出其中哪些是因果关系，哪些是递进关系，哪些是并列关系，从而将各部分重点内容编织成网络系统。

第五，重新调整组织小学生的知识结构，再次详看目录和各章节的小标题，并根据已初步形成的知识网络，进一步分析全书各章节间的逻辑关系和内在联系，掌握全书的脉络。当第二遍阅读时，就能居高临下，突破难点，发现新点。然后再次调整孩子的知识网络。这样，便能牢固掌握所学内容。

## 程序复习法

### 1. 什么是程序复习法

所谓程序复习法，是将一门课程的教材按逻辑顺序分解为许多单元和小项目或小步子，每个项目都要求学生用填充、是非或选择的方式作答，然后指出答案的正误，进行下一步复习，由一步步累积而达到学习目标。其基本过程见下图。

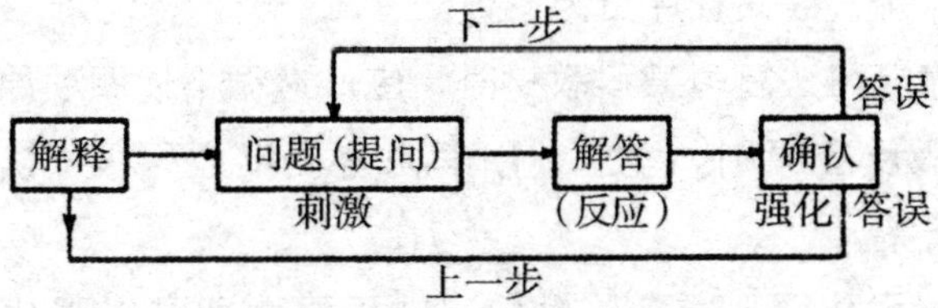


图5—1　程序复习的基本过程

程序复习有许多模式，有代表性的是直线式程序和分支式程序：

（1）直线式程序。其特点是单　解答，复习的目标是重现而不是再认。该程序是将教材分解为一系列连续的小步子，每次只向学生呈现一个小步子，要求学生做出解答反应。若答对了，就往下进行，若答错了，则设法纠正，等答对了，才呈现新项目，进行下一步复习。它要求学生严格按规定复习，其基本模式如下。

图5—2　直线程序模式

(2) 分支式程序。又称可变程序，其特点是具有多重选择反应。其基本模式，如下图所示。

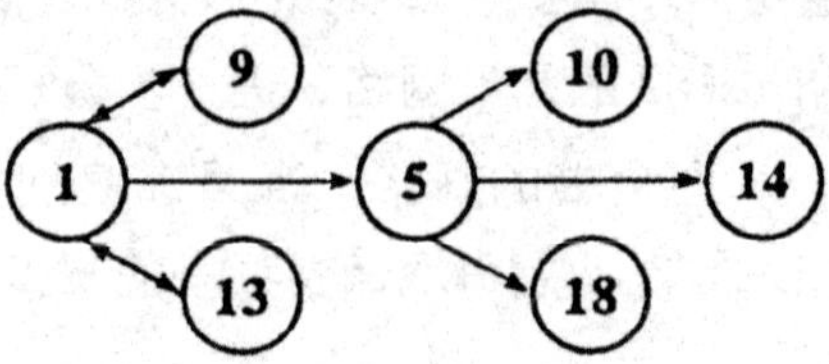


图5—3　分支程序模式

具体做法是：把教材分解为小的逻辑单元，步子比直线程序大，内容多：学生复习一个逻辑单元①以后，用多重选择反应进行测验（让学生回答对、错或不知道），由测验结果决定下一步复习。若选择答案正确，表明他已领会教材，可以进入新单元⑤的复习；若是选错了，就分别引入⑨的分支程序去复习补充教材，然后再回到①，重新选择答案，直到选对答案后，才进入⑤的复习。一般认为，分支式程序能够适应学生的个别差异，能提供不同的途径及其相应的补充教材，帮助学生纠正错误，因此，比直线式程序更为有效。

采用程序复习法复习某科教材时，应该遵循下述四项原则：

(1) 积极反应原则。学生对所学内容要反应积极，认真思考，千方百计寻求答案。

(2) 及时强化原则。家长对学习结果要立即予以强化，答对了就要及时给予奖励，答错了就要及时予以纠正。

(3) 小步子原则。就是将所学内容按逻辑顺序分解为许多小单元或小项目，一部分一部分地复习直到熟练掌握为止，切勿“暴饮暴食”。

（4）速度自控原则。根据自己的能力来控制和调节学习速度，从慢到快，以便掌握扎实、牢固。

程序学习法具有以下优点：

（1）分步学习自定步调，使学生能从自己实际水平出发，有利于培养学生兴趣和积极性。

（2）以学生自学为主并进行自测，有利于发展学生的自学能力。

（3）分支程序不仅能根据学生的错误提供补充教材、帮助学生纠正错误，还可使家长了解学生的复习过程和有关问题，有利于改进辅导工作。

## 过度复习法

### 1. 什么是过度复习法

所谓过度复习就是复习某一课程材料在达到最低限度的领会或勉强可以回忆的地步以后，集中一定的时间继续进行复习的一种复习方式。也就是说，复习知识的次数要稍微“过量”一些。比如，学习一篇文章，其中需要背诵一些词语，如果背4遍能全部背诵出来，则不要就此停止，而应比4遍再多一些。

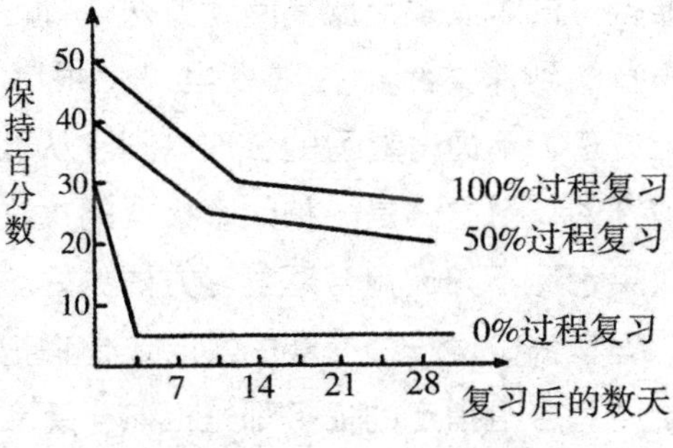


图5—4　过度复习后的保持

复习一种材料后，继续进行复习，不但保持好，而且节省时间。过度复习能取得良好的保持，在日常学习中有不少事例可以说明。英语26个字母其间没逻辑关系，但由于人们时常接触，对前后顺序记忆很牢固。反复练习过的技能如骑自行车、游泳和打字等，即使多年没用过，也只需少许练习就能恢复以前的水平。

实验表明，过度复习的程序不同，其保持的数量就不同。过度复习程度达150%时，记忆效果最好，超过150%后，效果并不随之递增。

心理学家曾让三组被试者复习一组序列词汇，每一组过度学到全部能回答对就停止复习；第二组进行50%的过度复习（例如学到第八遍时刚好全部记住，那就再学四遍），第三组则进行100%的过度复习。实验结果如图5-4所示。从图中可见。过度复习越多，保持率越高。

### 2. 怎样进行过度复习

根据以上过度复习法的基本原理，在平时复习时，应注意两点：

（1）不要认为对某一种学习材料已学会了，或复习得“差不多”了，就止步不前，而应当“趁热打铁”，继续复习或练习，以利于巩固所学内容。

（2）对那些十分重要并希望能长时期记住的材料，可用过度复习的原理，持续不断地复习，直至达到长时记忆为止。

## 四环节复习法

### 1. 什么是四环节复习法

一些小学生准备考试时大都用反复阅读方法来背记材料。他们只知道念呀，念呀，一直念到课文终于在脑袋里“生根”为止，因为他们不懂得科学的熟记方法，不懂得复习的合理原则。从巩固记忆的角度上看，这种没有条理性的复习方法是一种效率极低的方法。这样复习不但非常费劲，而且效果也远不如运用合理复习方法的好。

在这方面，心理学家做过一个有趣的实验，他们把参加实验的学生分成四个小组，给所有各组指定的任务都是记熟一篇文章。第一组由教师把文章朗读四遍；第二组由教师朗读三篇，让学生暗自复述一遍；第三组教师朗读两遍，学生暗自复述两遍；第四组教师朗读一遍，学生暗自复述三遍。结果发现，默写文章时成绩最好的是第四组的学生，第三组次之，第二组更次，最差的是第一组。

根据以上实验，心理学家总结出了四环节复习法。

“四环节复习”，是通过由点到面的综合概括，逐步缩小记忆范围，利用较短时间掌握全部教材内容的一种学习方法，它包括精读材料、编写提纲、尝试背诵、有效强化四个环节。

## 2. 怎样进行四环节复习

（1）精读教材

精读教材要求对所学内容，抓住中心细心阅读。根据材料的不同类型、不同分量，掌握其要点、重点和难点，理解知识间内在必然联系，在脑子里形成一个知识的网络。

心理学的研究成果表明，对材料的理解程度，极大地影响着人们的记忆。意义记忆的基本条件就是对材料的理解。只有理解了才易于记忆，才会对所学内容融会贯通。朱熹强调读书要“熟读精思”，就是强调对学习内容的理解。

（2）编写提纲

即在理解所学内容的基础上，细致地进行筛选、概括、组织，然后根据材料的性质，用自己的语言，提纲挈领地编写提纲（每篇划分为几部分，每部分划分为几段，每段概括为一句话），从而使学习内容有条不紊，简单直观地呈现在面前。

缩写提纲是增强智力活动的有效方法。层次分明、逻辑性强的提纲，便于识记和保持。因为材料的组织形式是影响记忆效率的一个主要因素。有条理的材料比杂乱的材料更便于记忆。对这点，许多在考试中取得优异成绩的小学生都有体会。

（3）尝试背诵

尝试背诵，即对所编提纲，按照顺序一遍一遍试着背诵。遇到不会或不清楚的地方，再翻开书本对照，进一步增进对知识的理解、深化和记忆。这一过程是对学习材料进行迁移内化的过程。

科学研究成果表明，试图回忆和反复阅读相结合，可以使人的大脑细胞处于高度兴奋状态，为建立更多的暂时神经联系提供机会，促进积极的智力活动。这是一种积极的学习。实验结果表明，尝试背诵方法的效率是单纯诵读效率的 2—3 倍。积极的脑力活动必然使信息通过各种途径在大脑皮层留下更深的痕迹，使神经联系变得容易，使记忆变得牢固。

（4）有效强化

即使用最简短的语言，抓住概念的内涵与实质和学习材料的核心内容，再对提纲进行压缩，使之成为简纲（把每句压缩为关键的几个字）。然后针对简纲，进行强化记忆，在头脑中留下长久印象。

## 集中复习法与分散复习法

### 1. 什么是集中复习与分散复习

所谓集中复习法和分散复习法，是根据复习时间分配不同而划分的两种复习方法。集中复习，指在较长的时间里不间断地反复复习；分散复习（又称间隔复习、分布复习），指有时间间隔的复习。

一般认为，分散复习的效果高于集中复习，主要原因是：由于集中复习时，多次重复同一学习材料，致使单一刺激持续作用，容易引起大脑皮层的保护性抑制；而且，复习的时间越长、越集中，它的抑制作用也越大。相反，在分散复习的情况下，大脑神经细胞可以得到适当的休息，因而复习效果好，至于每次复习的时间和各次复习的间隔时间各以多长为宜，心理学家做过多次实验比较，结果表明，时间分布也有一个限度，不是越分散越好。

### 2. 分散复习好还是集中复习好

近来的研究表明，集中复习法与分散复习法的有效性取决于下列因素：

（1）学生的条件

学生能力高则集中复习有效，学习能力低则分散复习有效。

（2）教材的性质

感觉运动的学习和无意义材料的学习以分散复习效果更好，诗歌、散文等有意义材料的学习和解决问题的学习等以集中复习为有效。

（3）教材的分量和难度

随着教材难度的增高和分量的增大，分散复习更为有效。

（4）休息的长短

在练习初期短暂休息有效，在练习后期长时间休息有效。

（5）集中与分散的区位

在感觉运动学习和无意义材料的学习中，学习初期分散复习的效果好，但在解决问题的学习中，开始时集中复习更有效。

## 整体复习法与部分复习法

### 1. 什么是整体复习法与部分复习法

整体复习法与部分复习法，又称为全习法与分习法，是根据每次复习教材内容的数量不同而划分的两种复习方式。整体复习法，是把教材作为全系列的整体，从头至尾，反复复习；部分复习法，是将教材分为若干部分，一部分一部分地复习。

整体复习法与部分复习法各有利弊，有人主张把它们综合起来使用，取长补短。这种折衷的复习方法就是所谓的综合复习法。其程序是先把所学材料从头到尾地复习几遍，以期了解其大意。然后尽可能地根据材料的性质，将它分成若干有较完整意义的段落，逐段复习，并适当地把已学的、邻近的段落合起来复习。当全部材料按划分的段落学完以后，再把整个材料合起来复习，以便全面而深刻地了解所学材料的意义。综合复习的全部程序，可以简化为：整体——部分——整体，或预习——精习——复习。但综合复习同整体复习和部分复习一样，也并不是在任何情况下都能取得好效果的。

### 2. 整体复习法好，还是部分复习法好

这两种方法的复习效果，取决于多种因素，其中主要的因素有：

（1）智力条件

学生的智力水平越高，越有知识经验，运用整体复习的效果越好，反之，动用部分复习的效果好。

（2）教材的性质

逻辑性强、有意义的教材，整体复习较有效；连贯性不强、各部分独立成章的教材，部分复习较有效。

(3) 教材内容的难度与长度

长而复杂的教材内容，宜用部分复习法；短而简单的教材内容，宜用整体复习法；既长又难的教材内容，最好运用综合复习法。

(4) 复习的阶段与分配

复习初期部分复习有效，后期则整体复习有效；集中复习时分习有效，分散复习时全习有效。

## 竞赛复习法

竞赛复习法是用以鼓励进取，战胜懈怠，提高学生的复习积极性和获取优异成绩的一种复习方式。

许多心理学家对竞赛复习法进行了实验研究。有一项研究将学生分为两组：竞赛组和非竞赛组。竞赛组做练习时，要求每天在统计表上登记分数和红星，非竞赛组做练习时，不做上述要求，只是根据个人兴趣和学校规定来完成作业，实验结果表明，竞赛组学生的成绩明显高于非竞赛组学生的成绩。这表明，开展竞赛，有利于提高学生的成绩。

另有研究表明，个人竞赛比团体竞赛更有利于提高学生的成绩。实验将学生分为A、B、C三个等组。A组为团体竞赛；B组为个人竞赛，即把被试者一一配对，进行对手竞赛；C组为控制组，无任何竞赛。实验结果为：A组平均成绩43.9分，B组46.6分，C组41.4分。显然，个人竞赛更有利于调动学生的学习积极性，提高学生的成绩。

也有一些研究认为，竞赛复习法有副作用。例如，竞赛容易使学习迟缓的学生丧失自信，产生自卑感；使一部分好学生滋长优越感和虚荣心；或在相互竞赛的学生中间引起不和、嫉妒、甚至敌对情绪。

解决这一问题的最好办法是，在学习上提倡自己与自己竞赛，即一个人努力超越自己过去的成绩，而与他人无关。因此，关键问题是时刻想着超越过去的自我，而不是总想着超过别人，或者与别人比较显得自己逊色。有了这种竞赛，每个学生都可以取得不同程度的提高，获得某种程度的成功，并得到系统的反馈，一点微小的进步都能够得到及时的强化。

# 笔录复习法

中国有两句俗语：“好记性，不如烂笔头”，“最淡的墨水，胜过最强的记忆”。许多学生也有这样的体会：要记忆一段材料，念上好几遍，不如摘录一遍效果好。在读书、听课的过程中作笔记，有助于加深对学习材料的理解，使所学的东西印象深刻，记忆牢固。这就是笔录复习法。

我国著名教育家徐特立先生在湖南第一师范学校任教时，经常对学生说：“不动笔墨不看书。”毛泽东同志学习徐特立先生的经验，在一师的5年间，写下了大量的读书笔记。

家长要时常告诫自己的孩子，不要认为自己年轻、脑子好用、记忆力强，就不去运用这种简便易行、效果良好的复习方法。要记住，“好记性，不如烂笔头”。

**【建议】**以上我们介绍了各种有效的复习方法。家长要针对自己孩子的特点，扬长避短，选择适合于他的方法。这就如同过河一样，目标是对岸，但具体怎么过河，则各有各的高招。可以蛙泳，可以仰泳。总之是“八仙过海，各显神通”。

# 六　不打无准备之仗

## ——做好孩子考前的准备与调整

**★征战之前，厉兵秣马乃古今兵家之道**

**★凡事预则立，不预则废**

**★考试之前的准备与调整是必不可少的。**

常言道："凡事预则立，不预则废。""预"就是准备。有无充分的物质和心理准备，是影响考试成绩的重要因素。考试是一场见高低、决胜负的活动。学生不但付出的代价大，而且心理期望高，加之考场是一个极特殊的场所，对学生的限制条件颇多，如果准备不充分，往往难以得到弥补。

那么，怎样做好考试前的准备工作呢？这正是本章试图回答的问题。

## 做好物质准备

### 临考前的饮食

临考前，大脑工作正紧张，身体消耗也大，有些小学生甚至吃不下饭，多数人考完以后要掉好几斤肉。如果临考前的饮食安排得当，吃得好，必将人人提高人脑的工作效率。因此，家长必须高度重视儿童的饮食。

饮食安排总的原则是：

1. 能提供给身体必需的热量；

2. 既能全面地补给大脑细胞所需的营养元素，又能充分发挥它们的潜在能力；

3. 清淡、鲜美、可口，易于消化和吸收；

4. 做孩子想吃、又愿意吃的食品；

5. 千万不能吃得太饱，只吃七八分饱就可以了。

6. 早餐要吃好，要以高蛋白的食品为主，如鸡蛋、牛奶等，这样，能使全天的精力充沛。

此外。还要注意饮食卫生，防止生病，如果生病，即使已治愈，可体力恢复还需要时间。

## 调整作息时间

有一个良好的起居习惯，是小学生生长发育的重要保证。所谓良好的起居习惯，就是要定时入睡和定时起床，特别是保证睡眠时间。睡眠是人类生存所必需的休息阶段。它可以使人每天在起床后都能获得新的精神和体力。因为人在熟睡时，除了心、肺、胃、肠等器官在活动外，身体其他各部分的组织器官都减少或停止了活动，肌肉得到了充分的放松，大脑神经细胞也进入休息状态，这些都有利于消除疲劳和恢复体力。特别是与儿童生长发育最密切的内分泌激素，在睡眠时能增加到3—4 倍。充足的睡眠，将大大促进他们的生长发育。如睡眠不适，就会出现精神不振，脾气暴躁，食欲降低，学习效果也不好。

睡眠时间的多少，随着年龄和健康状况的不同而有不同要求。小学生的睡眠，包括午睡在内，应保证 10 个小时。不仅要有足够的时间，还要有足够的深度。为此，必须尽可能创造良好的睡眠环境，如安静的房间，软硬适中的床铺，宽松的睡衣，以及适宜的微小气流等。睡前不要从事过分兴奋的活动，不要长时间看电视，也不宜临睡前吃东西，尤其不要喝浓茶和咖啡。一定要养成定时睡眠和定时起床的习惯。这样。

可以较快地入睡，醒后也容易进入兴奋状态。如果早上6点起床，晚上就要9点睡觉，这样才能保证第二天的饱满的精神。

有些小学生习惯于夜间用功学习，夜越深其精力越强。还有些小学生为了争取时间，拼命熬夜，以至形成习惯。这两种情况，都使考生白天，特别是上午精力最差。而考试又都是在白天举行，不会在夜间举行。

事实证明，临考前大开夜车的人，多半考不出好成绩。原因是：平时准备不足，不得不临阵磨枪；过多地消耗了自己的脑力和体力；答卷时大脑昏涨。

因此，临考前两周家长就必须开始调整自己孩子的作息时间。坚持晚上9点睡觉，早晨6点起床。开始时可能怎么也睡不着，不过没关系，睡不着就看书，但第二天早6点铃一响一定起床。起床后头会昏昏沉沉，因为头天晚上没睡好。这时一定不可赖在床上，应坚持起床。一天过后，两天过后，就会慢慢适应早起早睡的习惯。临考前一周应按考试时间规定作息。这样，经过一段适应训练，临场考试就不会有异常的感觉了。

## 文具的准备

家长应提醒孩子尽早检查考试所需物品，如果到临考前晚上了才发现还没准备什么文具，恐怕已晚了。应提前一周写好“考试所需物品一览表”，考试前一天检查一下是否齐全。有些文具宁可多带，也不要因突然不足而造成惊慌。

物质准备包括学习工具，例如钢笔、铅笔、小刀、圆规、量角器、三角板、尺子、橡皮等，也包括手绢、防暑药品等。钢笔要事先吸足墨水，最好带上两三支以备用；不要带墨水瓶，以防忙乱中倾洒，污染卷面。手绢至少要带两条，一条擦汗，一条垫在胳膊下，以免汗水渍湿答卷，模糊字迹。而且这些用品与准考证应事先放在固定的位置，随手可取。有的学生把准考证夹在书本里，用时乱翻一阵，急得满头大汗，很影响学生的情绪。

# 考前的心理调整

## 科学对待猜题

猜考题是学生准备考试的一种本能。无论是能力大小、自己承认不承认、别人允许不允许，学生在考前一般都在猜考题。那么，学生在考试前是否应该猜题呢？这是一个颇有争议的问题。有人认为猜题是懒惰者投机取巧的做法；有人则对考生猜题持积极的支持态度。

### 1. 是否应该猜题

我们认为，对猜题问题应做具体分析。

首先，要考察猜题的动机。如果猜题的出发点是为了代替艰苦的学习，那么必然导致对教材和学科知识体系缺乏深刻的理解与掌握，这是一种投机取巧的懒惰行为，应予坚决反对。但是，如果猜题的目的是为了验证自己对知识体系的掌握程度、对学科重点的判断能力和整理自己的思路，使猜题建立在艰苦努力和对教材深入了解的基础上，那就可能有较高的命中率。因为猜题的命中率在很大程度上就代表了学生的发展水平，与考试所要达到的目的是一致的。

其次，要考察猜题的心理倾向。如果猜题的心理倾向是指向若干具体试题，仅在这些具体试题上下工夫，仍然是投机取巧的表现。如果猜题是指向知识结构中的某一个方面，并在着力掌握有关的基本概念、原理、法则、公式上下工夫，即使试题不成千上万种变式，也会有较高的命中率。而且，这种命中的概率是对自己艰苦努力的报偿。

第三，要考察猜题的时间。如果学生在学习或复习之始就热衷于猜题，那无疑是种腐蚀剂，只能产生代替学习和取消学习的后果，那势必面临失败的命运。如果猜题安排在复习之末，考试即将来临之际，并以自己的猜测作向导，最后确定主攻的方向，则可以说是必要的。考前猜题因为有坚实的基础知识作依据，一般会有较高的命中概率。

因此，如果学生的猜题动机正确，目的适当，时间安排合理，猜题就不是消极的做法而是积极的行为了。对此不但不应反对。而且应当支持。但是，如果学校为了提高自己的升学率，采取教师猜题学生照做的做法，甚至以猜题来指挥教学，则应坚决予以制止和反对。

2. 怎样猜题

那么，学生应该怎样提高猜题的科学性和命中率呢？

首先，要根据以前的考题、教学大纲和自己学习的教材来猜题。

其次，要把宏观猜题与微观猜题统一起来。所谓宏观猜题，就是深入了解和掌握知识体系的基本结构，理清思考脉络，在头脑中勾画出一幅完整、清晰的知识蓝图，抓住考试的范围和重点。所谓微观猜题，是指在复习每一部分的具体内容时，分析可能会出什么题，会是什么类型的题，把握住具体的内容。如不能进行宏观猜题，则不易了解总体情况；如不能进行微观猜题，则不易把握住具体的内容。因此，必须把宏观猜题与微观猜题统一起来。

第三，捕捉微弱信息的变化。由于命题人也在一定的社会环境中生活，社会尚作为一种趋势性的力量，不可能不对命题人选择试题的思路和注意指向发生影响，而语文、政史等试题受社会时尚的影响更大。了解这一点，有助于学生把握出题的方向。但也要注意有时也会反其道而行之，但即使如此，也可以为学生提供一条思路，即有时也需要从与社会时尚相背离的角度想一想。此外，学生还应注意从公开和内部的渠道捕捉命题信息的变化，对于新的命题方向，要有所准备。

第四，要善于从出题人的立场去猜题。猜题当然要由自己猜，但这并不等于说猜题时要按照自己的主观想象去任意猜测，如果是自己给自己出题，考自己，那当然是要站在自己的立场上思考，但现在是别人出题，就理所当然的应站在别人的立场上猜题。

第五，分析以前的考题。考题是逐年翻新的，决不可能再出过去已经出过的、完全相同的题目。但是，把以前出过的考题稍加变化，作为今年的考题重新出来，却是屡见不鲜的。在对考题进行分析时，要注意把题目类型和内容结合起来考虑，例如。去年的这道正误题变成选择题会是什么样子呢？我们可能会发现，历年的考题都有这种情况，考试内容不变而考题类型变了。因此，我们在分析考题时，应多考虑怎样用不同类型的题目去考同一内容。

## 科学对待模拟考试

绝大多数小学生，在毕业或升学考试之前都要参加几次模拟考试。参加模拟考试，对其毕业或升学考试有利也有弊。

1. 模拟考试的益处

（1）能够使学生了解自己的实际水平和能力。

（2）能够使学生对毕业或升学考试做到心中有数。

（3）有助于学生了解毕业或升学考试的题目类型和出题倾向。

（4）有助于学生发现自己学习中的问题。

（5）有助于学生改进学习方法。

2. 模拟考试的弊端

（1）成绩好容易使人过分自信，成绩不佳容易使人产生自卑感。

（2）模拟考试经常与毕业或升学考试内容不相符合，容易引起考生学习和思想方法上的混乱。

3. 怎样正确对待模拟考试

有些小学生的情绪，往往因模拟考试的成绩而波动。一次模拟考试成绩理想，情绪高涨；一旦思想松懈，下次模拟考试成绩马上下降。面对这种成绩不稳的情况，学生不应受此影响而波动情绪。要在树立坚定信念的同时，对自己有个全面的客观评价，既不要盲目乐观，也不要丧失信心。一次考好了，不要放松；下一次考砸了，不要气馁。成绩好与不好，都要重视总结，要有个科学分析。在分析总结的基础上，定出下一阶段的复习计划，发扬成绩，明确不足，努力赶上。总之，不要因一两次模拟考试成绩的好坏而情绪波动，否则对自己的学习是不利的。

此外，没有必要对参加模拟考试做特殊的准备，在考前看一遍笔记，或认真地复习一遍就可以了，也可以适当地猜一猜考题。在考场上，要像真的正式参加考试一样，投入自己百分之百的力量，充分发挥自己的能力。

4. 在参加模拟考试后注意做的几件事

（1）核对各题的得分和总分，这时要与标准答案认真对照，必要时可以请教别人。

（2）查阅考题出自教科书和参考书的哪些部分，分析与自己最初所猜题的范围、类型符合程度。

（3）对做错的题目，进行认真的分析，然后再查阅标准答案、教科书、参考书，直至把问题真正弄懂。

（4）重新复习做错了的题目所涉及的原理、概念、定律等等，加深对基本概念和基本原理的理解。

## 消除新异刺激

对于学生来说，升学考试的考场常常是一个新的环境，存在着大量未见过、不熟悉的事物，如彩旗、彩带、标语、花束等。因为这种考试往往不是在自己熟悉的教室里举行，监考老师也换了些生疏的老师。因而，学生将会遇到大量的新异刺激，引起注意的分散和分心。所以，在临场之前的一天，学生一定要注意熟悉考试环境，消除刺激的新异性，要了解考场的地点，去考场的路线，交通工具、及所花的时间。例如，去考场的时间是否是交通高峰期，怎样避开高峰期；如果乘车不行，是否准备了自行车，自行车坏了又怎么办。这些都要准备好，要找到自己的座位以及厕所和可以临时休息的地方，以免在临场之际因某种小小的差错而引起自己的情绪波动。

考试之前大多数同学都会有程度不同的紧张，这是不足为奇的。对于容易紧张的同学，可以采用早一点儿进考场的方法来减轻紧张。因为这可以使学生及早地熟悉考试环境，可以避免不必要的刺激引起的兴奋造成对回忆学习内容的抑制。这个方法在参加升学考试的时候特别有效。

## 增强自信心

临考前，许多学生情绪不稳定。其实，压力并非突如其来，而是持续存在的，只是程度不同而已。有些学生临考前一周起就感到极度的恐惧，有些学生到考试前一天才有些感觉。有些学生因过度紧张而变得惊惶失措，有些学生只是稍微有些压力而已。

对此应该靠增强自信心来抵消消极的压力。应重视自己，信任自己，树立起必胜的信念，因此，考试前，家长要提醒孩子不断地暗示自己：

1. 这次考试对我来说易如反掌。
2. 我一定要达到目标。
3. 对我来说记住复习大纲是一件轻松的事。
4. 我的体力充沛，精力饱满。
5. 目前，我的记忆力最强，意志力量集中，正处于巅峰状态。

## 进入静息状态

在临场前，家长要使学生进入相对的静息状态，这是因为，考试是一场艰苦的劳动，需要消耗大量的精力。这些精力应通过平时的锻炼积蓄，而不能通过考前体育锻炼来补充。考试是一个纯消耗的过程，如果身体运动量过大，不但消耗太快，而且运动过后短期的超量恢复，会加快学生的生理节奏，影响学生的智力活动。但也并不是说学生临考前应当蒙头大睡。许多有经验的家长，在临考前都设法让学生放松，尽量减少运动量和情绪波动，使大脑处在一种宁静、和谐的状态。许多学生利用这个静息阶段，找到有关的教材和资料看看，然后再继续思考。经验证明采取这种静思的方式，较之体育锻炼、完全休息或临阵磨枪更有利于提高考试成绩。

**【专家忠告】** 不要为考试刻意要求孩子！

# 七　两军交锋智者胜

## ——小学生应试策略和答题技巧

经过了紧张艰苦的学习、复习和应试准备过程，学生终于走进了考场。临场发挥的情况如何，是影响考试结果的最后一个因素。因此，家长向学生传授一定的临场发挥策略，使学生将自己的真实水平充分地表现出来是十分必要的，否则，学生付出的心血就会付之东流。

## 应试的一般策略

### 注意考试要求，完善自填项目

在正式考试前的几分钟，监考人员一般都会读一读考试的注意事项，这对学生来说已是老生常谈了，学生只需要听一听不允许带进考场的东西是什么，如果学生因疏忽而把“违禁品”带入了考场，应主动与监考人员联系，请他们代为保管。

接下来，一般会发给学生一个纸袋，里面装着考题和答题卷，现在许多的考试都是这样做的，在没有听到监考人员的指示前，不要打开纸袋，可先把纸袋的一端在桌子上□一□，以免在撕另一端时，把考题撕坏。

在“考试开始”的指示发布后，首先看一下考卷的说明，了解一下一共有多少张考卷，然后数一数自己的考卷，看看是否相符，如不相符，要立即向监考人员声明，以便妥善处理。

卷子发下后，不要急于阅卷，先把名字、考号写在试卷和答卷上。

千万不要留到最后写，以防因到时间而没写上。字迹要清楚。标准化考试答卷要求用涂号方法标上你的考试科目、考号等，一定要按监考人员的要求认真涂好。如果涂错了，这张卷子成绩将不能记入你的名下。

应该注意的是：要你填什么就填什么，没有要求的不要多写，以免被人误认为是在做记号。

## 仔细阅读说明，免做无用之功

每份试卷前面都有关于本卷考试解答要求和须知，如哪类考生答哪部分题，哪类考生不答哪部分题，哪些题是选答题，哪些是必答题，都必须先看清楚。弄清监考人员关于考试解答要求的说明。

仔细阅读答卷说明，绝不是浪费宝贵时间。很多考生仅仅随便看一眼试题说明就匆匆忙忙地开始答题，等到他们发现自己做错题时，已经悔之晚矣。一位小学生说“我仍能清晰地回忆起一次语文课考试的情景。在那次考试中，我迅速地做完了试卷上三道问答题中的两道，并接着继续做试卷上简答题和多项选择题。当我走出考场后，从我的同学那得知，试题说明中仅要求考生完成三道问答题中的一道。如果用我解答这另外一道问答题所花费的20或30分钟时间思考简单答题或多项选择题，时间将会是多么充裕呀！当然，我多做一道题并没有因此得到什么额外的加分，或许我的做法使评分人感到有点为难。”

## 全面统筹安排，合理分配时间

合理分配答题时间，是临场发挥的一项重要策略，也是顺利答题的必要条件。许多小学生重大考试中的失误都是因为时间掌握不好造成的。他们或者毫无时间观念，只是慢条斯理地答题，忘记了限制时间是考试的一个基本因素；或者只着眼于字体的工整，卷面的整洁，一味地精雕细刻；或者是被某一试题缠住了手脚而难以脱身；或者是因为思考、起草以及誊抄等而造成了延误。结果，因浪费了宝贵的时间而难以善始善终，或者做不全试题，或者草草收兵。先松后紧是考生在时间使用方面的典型弊端。

不懂得如何分配答题时间，是众多小学生考试失败的一个重要原因。许多小学生认为，试题文字量与该题在考试中的地位是成正比的，试题字多，就重要。因此只顾一个一个地答，一个一个地做，最后到时间了，还差1~2个题没答完，本来还是会的题，都白白地丢了，时间都浪费在不会答的题上了。解决这个问题的办法是设计一个时间表。

时间表要求：

1. 时间分配要和试题分数成正比。分数多的，时间要长些；分数少的，时间要短些。

2. 对每题限定时间不可超过，完不成的，暂时放手，留待最后回答。

## 认真仔细审题，以免南辕北辙

审题是学生发挥的关键，题没审好就答，往往会造成南辕北辙的结果，答得再好也没用。审题时一定要稳一点、慢一点、准一点。有的学生把题看错了，出了考场才明白，后悔莫及。

以往学生在审题上暴露的问题主要是：

1. 不看清题的要求就动手去做。如某年语文试题中的缩写，要求不超过1000字。有的学生没看清，结果数字大大超过了。

2. 看错题。如某年小学升学考试作文题是《难忘的一天》，一个小学生作成了《难忘的一年》。

3. 漏题。某年小学升学考试，一个小学生答语文卷，只凭印象，认为作文是“压轴子题”，直到写完了作文，才发现下面还有一道文言的题，可时间已来不及了。

审题要做到：

一不漏掉题；

二不看错题；

三审准题；

四看全题的条件和要求。

要细而又细，“咬文嚼字”，反复推敲。尤其是那些看来较容易的题，更要字字认准，句句看清。有些题目似曾相识，便认为自己做过，就匆匆答卷，这就很容易出错。

## 注意答题策略，先易后难解答

接到试卷后，不要急于回答，应先快速通览一遍全卷，了解各题的大致内容，确认一下哪些较难，哪些较简单，然后从容地做起。

解题的顺序，不一定要按题目号码顺序进行，总的原则是“先易后难”，应该先做：

1. 自己认为会做的题；
2. 以前似乎做过的题；
3. 题目短，答案也简单的题；

在某道题上卡住之后，经过短时间的思考如果还解决不了，应该立即转做其他的题，可能在做其他题时，对解决这个问题有启发，于是就出现了转机。

对于“以前似乎曾经做过”的题目，要倍加小心，因为这时的自信心和安全感往往会造成疏忽错误。有的题目虽然形式很相似，但内容、要求不一样，如果按“想当然”去解题，势必会出差错，许多人都吃过这方面的亏。因此，必须审清题意再下笔。

按照先易后难的顺序答题，有三个优点。一是解答容易题通常较快，可留出大量时间解答难题。二是容易的题目得满分率高，难题得满分率低，把能到手的分丢了，而希望不大的分又没得到，是解答试题战略上的错误。应该先把能得的分，用全力得到手，再去攻难得的分，能得多少是多少。三是多答对一题，心情也会较镇定，精神也会集中，无暇胡思乱想。

成功的经验可以使人的心理需要和期望得到满足，产生愉悦感和良好的情绪，使人受到鼓舞和激励，从而增强信心提高人的活动能力，走上良性循环的轨道。反之，则会使人灰心丧气，产生一种挫折感，降低人的活动能力。走上恶性循环的轨道。因此，在解答试题时必须坚持先易后难、循序渐进的原则，力争在不断满足、不断激励中，心情愉快地做完全部试题。

## 答案简明扼要，无须画蛇添足

一般来说，试题的标准答案是以要点或纲目的形式出现的，不然的话，试卷和试题评定就会因人而异，失去统一的标准。标准答案之外的观点，除非确有高见，并且这高见能够得到大多数评定者的认可，否则难以得分。实际上，由于每个评分者在个性上的差异和认识上的差别，这种标准答案之外的观点，受到一致认可的机会是不多的。

因此。答案应简单扼要，只要能准确表达自己的意思即可。如果有创见，也应在指出标准答案之后再予以说明。否则，不但自己的创见难以得到承认，而且会增加错误的几率。至于离开试卷和试题的要求去空发议论，那就更无异于画蛇添足。

## 分分都要争取，绝不粗心大意

在重点中学录取过程中，不少学生往往以 1 分半分之差而榜上无名。学生丢分的主要原因，是粗心大意，其表现为：

1. 学生浏览了一下考题后，便感到“容易”，因而产生轻“敌”感。于是，做题时，不假思索，提笔疾书；答完后，不做检查，抢交头卷。结果往往发生答非所问、张冠李戴、丢三落四等问题。这类问题还常常发生在学生会做的题目上。像这样出考场兴冲冲，对答案灰溜溜，大错铸成，悔之莫及的人，每年升学考试都不乏其例。

2. 对占分较少的小题不看在眼里，认为即便错了也无关大局。因而，草率从事，形成失误。

3. 对易做题匆忙作答，而把主要精力和时间用于攻自己不会做的题。结果易做题忙中出错，难题攻而不克，得不偿失。

4. 答题无计划，前松后紧。先答的题啰里啰嗦，废话连篇；做后面的题没有时间。

因此，要争取这关键的一分，切莫粗心大意。

## 保持卷面整洁，不要因小失大

考生在解答试题时，一定要注意试卷的整体美感，力求答案布局和谐，字体整洁工整，力戒零乱、潦草、乱涂乱画。

保持卷面整洁，看起来是无足轻重的小问题，但实际上却至关重要。试卷不干净，有某些模模糊糊的污迹，在计分时便容易出错。当采用阅卷机评分时，这一问题更为突出。

美观整洁的试卷，尽管没有加分的规定，但它给评分人带来良好的第一印象，因此，有时是可以多得分的。

## 高度重视复查，把好最后一关

如果把解题过程看作是一个三部曲的话，那么复查则是继审题、答题之后的最后一曲。试题答完了，头脑因得到相对的放松而较为清醒，因而更易于发现在解题过程注意不到、考虑不周的一些问题，通过复查处理，可以使答案的准确性和完整性得以提高。

复查主要是检查题目是否有遗漏，答案是否正确。检查时一定要重审题目的要求。对照原题，看是否弄错了题意，是否抄错了字母、符号等。有的考生就答案查答案，查来查去，确无差错，其实有的是所答非所问，有的考生在临收卷时忽然发现错了，急急忙忙改做，常常把做对的题改错了。这样的例子几乎每年升学考试都有。

为避免习惯化思维定向的干扰，复查可采用逆向检查法和变换方式检查法。前者是反其从正面按部就班证明的老路，而是从其反面一步一步地进行反证，即用减法验证加法，用除法验证乘法，因此也称逆向推理法。后者则是采用与原来不同的方式来解答试题，如能异途同归，则可以确定原来的答案是正确的，这种方法多用于理工科的演算题和证明题。

一位考上某重点中学的学生说："我的数学考了 92 分，其中有 5 分是做完复查时发现错误'捡'回来的，所以一定要认真复查。"

## 不可提前交卷，沉着就是胜利

小学生考试时不要提前交卷，只要还剩一点时间，就要用来检查试卷。因为在限定时间的紧张考试中，要想不出一点差错是几乎不可能的。最后的仔细检查有助于弥补某些差错。

事实上，小学生在考试时提前交卷是很不明智的。因为提前交卷并不加分。经过长期艰苦的学习、复习和精心准备，可谓是“粒粒皆辛苦”，哪怕是一个数字、一个符号甚至一个字词都要追求准确。有的小学生为“出风头”而提前交卷，是十分愚蠢的。

## 小学数学考试应试技巧

各地小学数学毕业升学试卷大多包括以下几种题型：填空题、判断题、选择题、简算题、脱式计算题、几何图形计算题、方案叙述题、应用题等，以下就一些题型的特点与解答方法分别加以说明。

### 填空题

填空题，是小学数学考试普遍采用的一种题型。这类题，是就某个数学概念、法则、公式、性质、定律等，删去一些关键性词语，提出一个不完整的叙述，或有待平衡的等式，这些删去的地方，用括号或横线取代，要求学生将答案填在括号里面或横线上面。填空题一般占试卷总分的10—15%，主要考查学生对所学概念的理解和掌握是否准确。

例1　填空：

$\frac{(\quad)}{2}=\frac{(\quad)}{6}=(\quad)\%=(\quad)$成

$=(\quad)\div 8=(\quad):(\quad)$

分析：这道题涉及的知识有分数、除法之间的关系，“成”与百分数的互化，最简比的知识，分数的基本性质。全题的六部分都是相等的。在这六部分中，没有一个部分是固定的数值，所以解题的关键是选择突破口。统观全题，第四个括号是成数，因成数最多是十成。所以$\frac{(\quad)}{2}$的分子只能填1。根据分数的基本性质，分母2扩大3倍为6，分子也扩大3倍。所以第二个括号填3；把分数化成百分数时用分子除以分母，即用3除以6，得0.5再把小数点向右移动两位，得50，所以第三个括号填50；因为成数是分母为10的分数，几成就是十分之几，50%就是$\frac{5}{10}$，所以第四个括号填5；根据分数与除法的关系，分数的分子相当于除法中的被除数，分母相当于除数，第一个数值1/2中，分母是2，2扩大4倍后得8，分子1也扩大4倍，得4，所以第五个括号填4。第六个括号应填最简整数比1∶2。

例2　如图所示，这是一个线段比例尺。

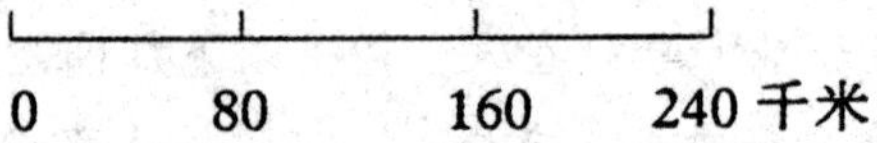


比例尺表示图上1厘米的距离，相当于地面实际距离（　　）千米，若用数字比例尺表示，应是（　　）。

分析：这道题要求学生了解比例尺的种类及比例尺的应用。比例尺有数字比例尺、文字比例尺、线段比例尺三种。表示图上1厘米相当于实际距离80千米。把线段比例尺转化成数字比例尺的方法：根据比例尺的意义，先把图上距离和实际距离写成比例的形式，然后统一单位并化简。1厘米∶80千米=1厘米∶8000000厘米=1∶8000000，也可用分数的形式$\frac{1}{8000000}$来表示。

## 判断题

判断题又叫是非题。试题的形式是命题人提出一个命题，让学生判断其是否正确。正确的在题目后面的括号里面打“√”，错误的画

"×"。这类题一般占试卷总分的4%—5%。

例3　判断下面句子的正误：把一个直角三角形平均分成两个小三角形，那么每个小三角形的内角和为90°。(　　)

分析："三角形内角和为180°"，这一条定理无论对大三角形还是小角形，锐角三角形还是直角三角形都是适用的，即使把一个三角形分成若干个小三角形，每个小三角形的内角和也是180°，而不是90°。所以这个命题是错误的，应该画"×"。

例4　判断正误：如果"3a=5b"，那么a∶b=5∶3。(　　)

分析：比例的基本性质是"在比例里，两个外项的积等于两个内项的积"，根据这个性质。我们可以把比例写成乘积的形式。也可以把乘积写成比例的形式。"3a=5b"，可写成a∶5=b∶3，a∶b=5∶3，5∶a=3∶b，b∶a=3∶5等八个比例式，a∶b=5∶3正是其中的一个，所以这个命题是正确的。应该画"√"。

## 选择题

选择题一般由题与两至四个备选答案组成，备选答案有的正确，有的错误。错误的答案带有很大的迷惑性，让人极易误选。选择题一般占总分的4—6%，它主要考查学生的分析、判断、推理、验算等能力，对知识理解的深度及思维的独创性与灵活性。

例5　选择：把边长1分米的正方形卷成一个最大的圆柱体侧面，那么这个圆柱体的体积应为(　　)

A. $\frac{\pi}{4}$立方分米　　B. $\frac{4}{\pi}$立方分米

C. $\pi$立方分米　　D. $\frac{1}{4\pi}$立方分米

分析：我们想象一下，把一个正方形卷成一个圆筒，直立在平面上，得到一个圆柱体。那么，这个正方形的边长分别相当于圆柱体的底面周长和高，问题也就转化成已知圆柱体底面周长和高，求圆柱体体积了。根据公式$V_{柱}=Sh=\pi r^2h$，已知底面周长为1分米，可求底或半径，高为1分米，即可求体积。

解：求：r：$1 \div \pi \div 2 = \frac{1}{2\pi}$

V：$\pi \times \frac{1}{2\pi} \times \frac{1}{2\pi} \times 1 = \frac{1}{4\pi}$

所以D项为正确答案。这道题给我们一个启示，在求r时，$1 \div \pi \div 2$ 无法得出准确值，因下一步还要用这个数值。所以，用分数来表示半径。

例6　选择：一个分数的分子扩大5倍，分母缩小2倍，它的值(　　)。

A. 不变　　B. 扩大2.5倍

C. 扩大10倍　　D. 扩大3倍

分析：在除法中，商怎样随着被除数与除数的扩大与缩小发生变化呢？如果除数不变，被除数和商扩大缩小的倍数相同；如果被除数不变，除数和商扩大缩小的倍数相反，进一步讲，除数一定，被除数与商成正比例；被除数一定，除数与商成反比例。这个规律，同样适用于分数与比。所以，一个分数的分子扩大5位，分母缩小2倍，分数值就扩大 $5 \times 2 = 10$ 倍。选项C是正确答案。

例7　选择：一堆货物有36吨，如果汽车甲单独运，需用9小时，汽车乙单独运，需用6小时，现两辆汽车同时运，需要几小时运完？列式为(　　)。

A. $36 \div (\frac{1}{9} + \frac{1}{6})$　　B. $1 \div (\frac{1}{9} + \frac{1}{6})$

C. $36 \div (36 \div 9 + 36 \div 6)$　　D. $36 \div (9 + 6)$

E. $36 \div [36 \times (\frac{1}{9} + \frac{1}{6})]$

分析：这道题可以按一般应用题的思路去解，也可以按工程问题去处理，但必须分清“量”与“率”的区别。总工作量为36吨，两车合运，先要求出两车的工作效率之和。甲车需9小时，甲车工作效率为 $36 \div 9 = 4$，乙车需6小时，乙车工作效率为 $36 \div 6$，甲乙两车工作效率之和为 $4 + 6 = 10$，所需时间为 $36 \div 10 = 3.6$（小时）。综合算式为C。如果把总工作量看作“1”，甲车工作效率为1/9，乙车工作效率为1/6，工作效率之和为（$\frac{1}{9}+\frac{1}{6}$），合作时间为$1\div$（$\frac{1}{9}+\frac{1}{6}$），所以B项也是正确的。还有一种量率结合的解法，综合算式为E。由此可见，这道题是多项选择题，正确答案为B、C、E。

例8　选择：扇形半径一定，圆心角度数与扇形面积（　　）

A. 成正比例　　B. 成反比例　　C. 不成比例

分析：判断两种量成什么比例。首先看这两种量是否相关联。已知这两种量，可求出的第三种量是什么，用乘法还是用除法，列出关系式。看看第三种量是否一定。如果商一定，两种量成正比例；如果积一定，两种量成反比例。圆心角度数与扇形面积可写成这样的关系式：扇形面积÷圆心角度数$=\frac{\pi r^2}{360}$，扇形面积和圆心角度数是两种相关联的量，半径一定，半径的平方就是一定的，360与$\pi$是常数，圆面积一定，圆面积的$\frac{1}{360}$也一定。商$\frac{\pi r^2}{360}$一定，那么圆心角度数与扇形面积成正比例，所以A项是正确答案。

## 简算题

简算就是要求用简便方法计算。解答时必须写出简便运算的过程。这类题一般占试卷总分的8%—10%。在解答这类题时，要首先观察数字的特点，寻找数字的特征，考虑用哪种简便方法才恰当，做到有根有据，有条有理，避免出现乱用简算或不用简算。简算方法有以下几种：加法交换律、结合律，乘法交换律、结合律、分配律，减法性质（去括号、添括号），折数凑数、“商不变”性质的应用。

例9　用简便方法计算下列各题：

（1）$1200\div12.5$

（2）$1.7\times3.9+4.1\div1.7+1.7\times6.1+2.7\div1.7$

（3）$75\times4.67+17.9\times2.5$

解：（1）原式＝（$1200\times8$）÷（$12.5\times8$）

$=9600 \div 100$

$=96$

分析：这道题如用竖式计算，试商很麻烦，而运用除法的“商不变性质”，把被除数1200与除数12.5同时扩大8倍，（因12.5×8的积正好凑成整百），这样就使运算简便了。

解：

（2）原式 $=1.7\times(3.9+6.1)+4.1\times\frac{10}{17}+2.7\times\frac{10}{17}$

$=1.7\times10+(4.1+2.7)\times\frac{10}{17}$

$=17+6.8\times\frac{10}{17}$

$=17+4$

$=21$

分析：观察全题，虽然每项（用加号分开为一项）都含有相同的数1.7，但其中两项1.7提出来，使用乘法分配律（逆向使用）。1.7做除数的两项，把除法转化乘法，除以1.7等于乘以它的倒数，再把$\frac{10}{17}$提出来，两次使用乘法分配律使繁难的小数乘除法变得简单了。达到了简算的目的。

解：

（3）原式 $=25\times3\times4.67+(17.9\div10)\times(2.5\times10)$

$=25\times14.01+1.79\times25$

$=25\times(14.01+1.79)$

$=25\times15.8$

$=(25\times4)\times(15.8\div4)$

$=100\times3.95$

$=395$

分析：审题后，发现无法直接简算，如果把原式变形，75分解成25×3.25与后一项的2.5数字相同，如使2.5扩大10倍变成25，为使17.9×2.5的积不变，17.9应缩至1/10变成1.79，即17.9×2.5的积不变与 1.79×25 的积相等。提取相同的因数 25，原式变成 25×15.8，把 25 乘以 4 凑成整百，为使 25×15.8 的积不变，15.8 应缩小至 1/4 为 3.95。这道题因运用因数与积的变化规律，计算起来简便迅速。

## 计算题

计算题是试卷中的重要部分，约占总分的 32%—40%，主要考查学生对整数、数、分数加法、减法、乘法、除法计算法则的掌握程度，对四则混合运算顺序的理解程度及中、小括号用法的熟练程度。解计算题可这样进行：第一，认真审题，弄清符号和数据；第二，确定先算什么，后算什么；第三，合理脱式，草稿清楚，符号与等号一一对应；第四，随时进行检查和验算。

例 10 计算：$(\frac{3}{8}\div 0.5+\frac{5}{6})\times(15\frac{1}{4}-3.25)$

解：原式 $=(\frac{3}{8}\times 2+\frac{5}{6})\times(15.25-3.25)$

$=(\frac{3}{4}+\frac{5}{6})\times 12$

$=\frac{3}{4}\times 12+\frac{5}{6}\times 12$

$=9+10$

$=19$

分析：这是一道分数、小数四则混合运算综合题，是化成分数做，还是化成小数做，方法选择很关键。前面小括号内的商加上 $\frac{5}{6}$，不能化成有限小数，只能用分数做；后面小括号内化成小数是 15.25，15.25 与 3.25 的小数部分完全相同，化成小数计算容易。这道题提示我们：分数、小数四则混合运算，是化成分数做，还是化成小数比较容易，乘除法化成分数比较容易（可以约分）。题中如有不能化成有限小数的分数时，就将小数化成分数做。

例 11：

计算：$[1.8\times(1\frac{2}{3}+2.5)-0.65\div2\frac{1}{6}]\div3.6$

原式 $=[1.8\times(1\frac{2}{3}+2\frac{1}{2})-0.65\div\frac{13}{6}]\div3.6$

$=[1.8\times4\frac{1}{6}-0.3]\div3.6$

$=[7\frac{1}{2}-0.3]\div3.6$

$=[7.5-0.3]\div3.6$

$=7.2\div3.6=2$

分析：这道分数、小数四则混合运算题含有中括号、小括号，先从小括号入手。小括号中 $1\frac{2}{3}$ 不能化成有限小数，就把 2.5 化成 $2\frac{1}{2}$，和 $1\frac{2}{3}$ 相加，得出 $4\frac{1}{6}$。1.8 和 $4\frac{1}{6}$ 相乘，把 1.8 化成分数简便。$0.65\div2\frac{1}{6}$ 转化成乘法 $0.65\times\frac{6}{13}$，0.65 与分母 13 直接约分，使分母为 1，所以 0.65 不必化成分数（如不能约分，则要将小数化成分数再乘），积 $7\frac{1}{2}$ 与 0.3 作减法，化成小数 7.5 简便。中括号得出 7.2，正好是 3.6 的 2 倍，所以直接相除。

## 几何图形计算题

几何图形计算题一般占试卷总分的 6%—8%。试题的形式很多，如：求图形的周长，求组合图形的面积，求各种形体的体积、重量。一些与日常生活密切相关的物体，如水桶、钢管、水池、粮囤、砂堆、河坝、土石方，更是命题中的重要内容。几何图形计算题一般可按以下步骤进行解答：第一，弄清楚试题求什么，是求周长、面积、体积、还是求重；第二，找相应的条件与数据，根据图形推出隐蔽的条件；第三，选择所需的公式，考虑是直接用公式还是逆向应用公式；第四，统一单位名称；第五，写小标题，分步列式解答。

例 12　一个长方体，表面积是 66.16 平方分米，底面的面积是 19 平方分米，底面周长是 17.6 分米，这个长方体的体积是多少？

分析：这个题求长方体的体积，长方体体积 = 长 × 宽 × 高 = 底面积 × 高，已知底面积是 19 平方分米，只要求出长方体的高就可求长方体的体积了。一般来说，长方体的表面积 = （长 × 宽 + 长 × 高 + 宽 × 高）×2，根据这个公式无法求出高。换一个角度思考，长方体的表面积可看成是侧面积与两个底面的和，即 66.16 = 侧面积 + 19 ×2，据此可求出长方体的侧面积。长方体的侧面积打开是一个长方形。这个长方形的长是长方体的底面周长（17.6 分米），长方形的宽是长方体的高，用长方体的侧面积除以 17.6 就可以得长方体的高。

解：（1）求长方体的高：

（66.16 − 19 ×2）÷17.6

=（66.16 − 38）÷17.6

=28.16 ÷ 17.6

=1.6（分米）

（2）求长方体的体积：

19 ×1.6 =30.4（立方分米）

答：长方体的体积为 30.4 立方分米。

例 13　如图，平行四边形 ABCD 面积是 80 平方厘米，O 为圆心，求阴影面积。

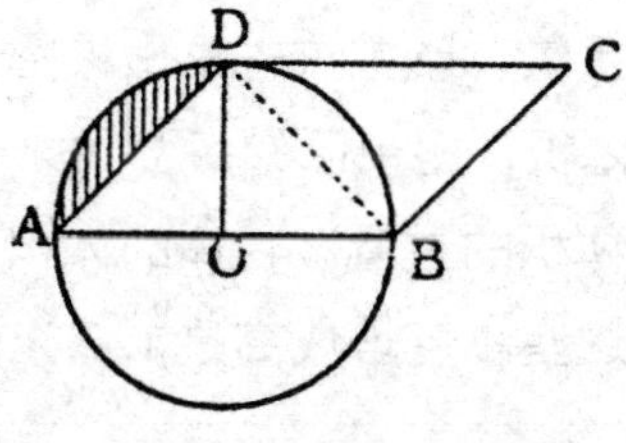


分析：图中的阴影面积是弓形面积，是扇形 AOD 的面积与三角形 AOD 面积的差。圆心角 90°，扇形半径是未知的；三角形 AOD 的底和高分别是圆的半径，也是未知的，所以求圆的半径就成了解答这道题的关键。已知平行四边形面积是 80 平方厘米，三角形 AOD 的面积等于平行四边形ABCD面积的1/4，用80×1/4就可求出三角形AOD的面积。如果设圆的半径为r，那么$\frac{r^2}{2}=20$，推出$r^2=40$，又因为扇形面积为：$\frac{3.14\times r^2}{360}\times 90$，把$r^2=40$整体移进扇形面积计算公式后直接取值，求出扇形面积，再减去三角形AOD面积，就得到了阴影部分的面积。

解：(1) 三角形AOD面积：

$80\times\frac{1}{4}=20$（平方厘米）

(2) 扇形AOD面积：

$\frac{r^2}{2}=20$

$r^2=40$

$\frac{3.14\times r^2}{360}\times 90=\frac{3.14\times 40}{360}\times 90$

$=31.4$（平方厘米）

(3) 阴影的面积：

$31.4-20=11.4$平方厘米

答：阴影面积是11.4平方厘米。

例14　一个装满小麦的圆柱形粮囤，底面积是3.2平方米，高是1.5米，如果把这些小麦堆成高是1.2米的圆锥形麦堆，占地面积是多少平方米？这堆小麦重多少千克？（每立方米小麦重750千克）

分析：要求小麦的重量，就应该先求出粮囤内装的小麦的体积，根据公式$V_{柱}=Sh$可求出体积，题中已知每立方米小麦重750千克，根据公式物体总重量=单位体积的重量×物体的体积，用750乘以体积就可求出小麦的总重量。把这些小麦堆成高是1.2米的圆锥形的麦堆，说明小麦的体积没有变，根据圆锥体体积公式$V_{锥}=\frac{1}{3}Sh$逆推回去，得出底面积=圆锥体体积$\div\frac{1}{3}\div h$，据此就可求出圆锥形麦堆的占地面积。

解：(1) 小麦的体积：

$3.2\times 1.5=4.8$（立方米）

（2）小麦的重量：

$750 \times 4.8 = 3600$（千克）

（3）锥形麦堆的占地面积：

$4.8 \div \frac{1}{3} \div 1.2 = 12$（平方米）

答：圆锥形麦堆占地面积12平方米，小麦重3600千克。

## 文字叙述题

文字叙述题是用文字直接说明数量之间关系。这类题占试卷总分的6%—8%。解这类题时，对“乘”、“乘以”、“去乘”、“除”、“除以”、“去除”、“被几除”等术语理解要准确。据题意列综合算式，列式时正确使用小括号。要求用方程解的题目，要写“解”，不写“设”，直接列方程即可。在解方程过程中，不要出现连等式。求出方程的解之后，要进行验算。

例15　63的$\frac{2}{3}$比一个数的20%少0.4，求这个数。（用方程解）

解：设这个数为x

$20\% x = 63 \times \frac{2}{3} + 0.4$

$0.2x = 42 + 0.4$

$0.2x = 42.4$

$x = 212$

例16　25个4/5加上24的2/3所得的和，再除以100，商是多少？

解：$(\frac{4}{5} \times 25 + 24 \times \frac{2}{3}) \div 100$

$= (20 + 16) \div 100$

$= 0.36$

例17　比x的3倍少10的数是8，求x。

解：$3x - 10 = 8$

$3x - 18$

$x=6$

例18　从一个数减去12个2.5后，余下的部分正好是8的6.25倍，这个数是多少?

解：设这个数为x

$x-2.5\times12=8\times6.25$

$x=8\times6.25+2.5\times12$

$x=80$

## 应用题

应用题是试卷的重要组成部分，占试卷总分的32—40%。应用题的类型有：一般应用题、求平均数应用题、归一应用题、分数百分数应用题、行程问题、工程问题、比和比例应用题、综合应用题。答题时，要紧紧抓住各类应用题的结构特点，用特定的方法去解答。

例19　某粮店卖出存粮的4/9后又运进3300千克粮食，这时粮店存粮是原存粮的80%，求粮店原存粮多少千克?

分析：把原存粮看作单位“1”，画线段图。

从图中找出相对应的“量”与“率”，3300千克与$[80\%-(1-\frac{4}{9})]$的差相对应。

解：$3300\div[80\%-(1-\frac{4}{9})]$

$=3300\times\frac{45}{11}$

$=13500$（千克）

答：粮店原存粮13500千克。

线段图在解分数乘除法应用题中起着十分重要的作用，它直观地再现题中的数量关系，使量与率对应鲜明、易懂，可帮助我们打开思路，寻找最佳的解题方法。画线段图时，先画表示单位“1”的量，表示百分率、分率的数字一律标在线段的上面，表示具体数量的数字一律标在线段的下面，尽可能把已知条件和问题全标出来。

例20　一件工程，甲乙合作6天完成，乙丙合作10天完成。甲丙合作12天完成，三人合作需多少天完成？

分析：要想求出三人使用的时间，必须先求出三人工效之和。已知甲乙合作6天完成，可得甲乙工效和为1/6，同理：乙丙工效和为1/10，甲丙工效和为1/12，所得的和是二甲二乙二丙工效和，除以2可得一甲一乙一丙工效和，这样三人的合作时间就可求了。

解：$1\div\left[\left(\frac{1}{6}+\frac{1}{10}+\frac{1}{12}\right)\div2\right]=5\frac{5}{7}$（天）

答：三人合作需$5\frac{5}{7}$天完成。

例21　三个少先队员共同植树，甲种了总数的$\frac{3}{10}$，乙与丙所种棵数的比是5：4，知道甲比乙少种8棵，三人各种多少棵。

分析：要求三人各种多少棵，必须先求出三人种的总棵数及甲、乙、丙所种的棵数比。已知甲种了总数的$\frac{3}{10}$，那么乙、丙所种的棵数占总数的$\frac{7}{10}$，又知乙、丙所种的棵数比为5∶4，也就是把$\frac{7}{10}$按5∶4分配，可求甲、乙、丙所种的棵数比，又知甲比乙少种8棵，可求甲乙丙的总棵数，可进一步求甲乙丙各种多少棵。

解：（1）乙占总数的几分之几：

$\left(1-\frac{3}{10}\right)\times\frac{5}{5+4}=\frac{7}{18}$

（2）丙占总数的几分之几：

$\left(1-\frac{3}{10}\right)\times\frac{4}{5+4}=\frac{14}{45}$

（3）总棵数：

$8\div\left(\frac{7}{18}-\frac{3}{10}\right)=90$（棵）

（4）化简比：

$\frac{3}{10}:\frac{7}{18}:\frac{14}{15}=27:35:28$

（5）总份数：$27+35+28=90$

（6）甲种的棵数：$90\times\frac{27}{90}=27$（棵）

乙种的棵数：$90\times\frac{35}{90}=35$（棵）

丙种的棵数：$90\times\frac{28}{90}=28$（棵）

答：甲种27棵，乙种35棵，丙种28棵。

例22　一列客车从甲地开往乙地需行10小时，一列货车需行15小时，两列火车分别从甲乙两地同时相对开出，相遇时，客车比货车多行了96千米，甲、乙两地相距多少千米？

分析：因为客车与货车行驶的速度不同，由已知可求，客车的速度为$\frac{1}{10}$，货车的速度为$\frac{1}{15}$，用总路程“1”，除以速度和（$\frac{1}{10}+\frac{1}{15}$），可求出相遇时间。又知客车货车相遇时行驶的时间相同，在相同的时间内所行路程差为96千米，所行路程差是全程的几分之几也可根据各自的速度和行驶的时间求出，正好量与率相对应，作除法就可求出甲乙两地的距离。

解：（1）相遇时间：

$1\div(\frac{1}{10}+\frac{1}{15})=6$（小时）

（2）甲乙两地的距离：

$96\div[(\frac{1}{10}-\frac{1}{15})\times6]=480$（千米）

答：甲乙两地相距480千米。

例23　有一个长方体水池，底面周长20米，宽是长的$\frac{2}{3}$，池深4米，池中水面比地面低86厘米。现有水管的内直径为2分米，管口水流速度为每秒2米的抽水机，要几分钟才能抽干水池里的水？

分析：要计算抽水机抽干长方体水池内的水所需的时间，必须先计算长方体池内水的体积，还要计算抽水机每分钟抽多少立方米的水。长方体体积＝长×宽×深，由已知条件即可求得；抽水机用水管抽水，水管是圆的，故可把水管看作是圆柱体。求抽水机每分钟抽多少立方米的水，相当于圆柱体的体积，$V_{柱}=Sh$，水管内直径 2 分米，即半径 1 分米，水流速相当于圆柱体的高，每秒 2 米的流速，即每分钟 120 米，据此可求出圆柱体的体积。最后用除法求出抽水机抽干池水的时间。

解：86 厘米 =0.86 米　2 分米 =0.2 米

（1）长方体水池的长：

$20\div2\div(1+\frac{2}{3})=6$（米）

（2）长方体水池的宽：

$6\times\frac{2}{3}=4$（米）

（3）池内水的体积：

$6\times4\times(4-0.86)=75.36$（立方米）

（4）水管内每分钟流过的水的体积：

$3.14\times[\frac{0.2}{2}]^2\times(2\times60)=3.768$（立方米）

（5）抽干池水的时间：

$75.36\div3.768=20$（分钟）

答：要 20 分钟才能抽干池内的水。

例 24　箱子里装着若干个各种颜色的小球，其中红球占$\frac{1}{3}$，后来又往箱子里放了 8 个红球，这时红球占总数的$\frac{5}{14}$，求原来的红球有多少个？

分析：原来红球占总数的$\frac{1}{3}$，因为放进 8 个红球，后来红球占总数的$\frac{5}{14}$，说明原来红球的数量加上 8 等于后来红球的数量，关键是原来装有多少个球，如求出原来球的总数，那么原来球总数的$\frac{1}{3}$与 8 的和等于后来球总数的$\frac{5}{14}$。

解：设原来球的总数为 x 个

$\frac{1}{3}x+8=(x+8)\times\frac{5}{14}$

$x=216$（个）

$\frac{1}{3}x=\frac{1}{3}\times216=72$（个）

答：原来有红球 72 个。

# 小学语文考试应试技巧

小学语文毕业、升学考试是从基础知识、阅读、作文这三方面来对学生进行考查，以下就每一方面的考查内容、解答方法略作介绍。

## 基础知识

### 1. 看拼音写字、写词、写句子

（1）考查目的

汉语拼音试题主要考查学生的运用能力。

（2）例题

例 1　看拼音写词语

yán zhì　fán ài　qí jì　biān cè　wán quán

例 2　读拼音，写句子

qīng wā shì zhuō chóng néng shǒu，měi zhī měi tiān dà yuē chī liù shí duō zhī hài chóng

（3）解答方法

第一，要仔细拼读，认真分辨每一个音节中的声、韵、调，要注意音节对准所拼出的汉字，若是写词或写句子，拼读后要前后照应一下。不要只看到前面或后面的个别音节就想当然地随便填写词语或句子。

第二，音序要会默写，同时还要懂音序的用法；一是句子的开头第一个字母，诗歌每行第一个字母，地名、国名等专有名词的第一个字母都要大写。

第三，掌握隔音符号的使用方法：凡是遇到开头的音节连接在其他音节后面时，如果音节的界线发生混淆，就使用隔音符号“'”隔开。

（4）答案

题1　研制　　妨碍　　奇迹　　鞭策　　完全

题2　青蛙是捉虫能手，每只每天大约吃六十多只害虫。

**2. 查字典**

（1）考查目的

主要是考查学生自学识字能力。

（2）例题

例3　在《新华字典》里查“会”字。用音序查字法应先查字母________；用部首查字法先查________部，再查________画。“会”字在字典里的解释是：①理解，领悟；②聚合，合在一起；③多数人的集合；④能、能够。“聚精会神”的“会”字应取解释________。

（3）解答方法

查字典有三种方法：知形不知音的字用部首查字法；知音不知形的字用音序查字法；知形但没有部首的字用数笔画查字法。

第一，部首查字法：先确定所查字的部首，再指出除部首外还查几画。例：“衰”在“部首目录”里查“亠”部，在“检字表”的“亠”部里再查8画。

第二，音序查字法：确定所查字应查什么字母。例：“质”字，在“汉语拼音音节索引”里应查“z”，在“z”部里查音节。

第三，数笔画查字法：有的汉字不知读音，也看不出应查哪个部首，就要用“数笔画”查字法，查出读音和字义。例“鼎”字，共12画，在“难检字笔画索引”12画里就可以查到“鼎”字。有的字既能在“难检字笔画索引”里查到，也能在“部首”里查到。遇到这种情况，要用“部首查字法”。

（4）答案

依次填：H（h）、人、4、②

### 3. 选词填空

(1) 考查目的

考查学生运用词语的能力。

(2) 例题

例4 把下面的词分成同义词和反义词两组。

高兴 骄傲 夸奖 善良 冷淡 称赞

凶恶 疲倦 热情 虚心 疲惫 愉快

同义词：(  )—(  ) (  )—(  )

(  )—(  )

反义词：(  )—(  ) (  )—(  )

(  )—(  )

例5 选择关联词语填空

因为……所以…… 不但……而且……

宁可……也…… 虽然……但是……

只有……才…… 既然……就……

王大叔深知________货真价实________能取信于人，因此他做生意很讲究商业道德，________少卖点钱，________不让顾客吃亏。

(3) 解答方法

(1) 近义词：意义相同或相近的词为近义词。如：生日——诞辰、大夫——医生、优良——优秀——优异。

(2) 反义词：意义相反或相对的词叫反义词。如果是多义词，它可能有几个反义词。如："快"，有"速度高"的意思，其反义词为"慢"。"快"还有"锋利"的意思，其反义词为"钝"。"进步"的反义词是"退步"。如果说"进步的带动落后的"，"落后"就是"进步"的反义词。但是在"世界将走向进步，决不是走向反动"里，"反动"又是"进步"的反义词。

(3) 关联词语：关联词语是用来表示复句中各个分句之间的关系。填写关联词语，要先弄清分句间的关系，然后从表示这种关系的关联词语中选择恰当的填上。

复句的类型有以下几种：

第一，递进复句：后面分句的意思比前面的意思更进一层，一般由轻到重，由小到大，由浅到深，由易到难。

递进复句常用的关联词有：

“不但（不仅）……，而且（还、也）……”。

“而且”、“并且”、“甚至”。

第二，选择复句：几个分句分别说出几件事情，需要从中选择一件。

常用的关联词有：“或者（或）……或者（或）……”、“不是……，就是……”。

第三，转折复句：两个分句的意思不是顺着说下去，后一个分句的意思与前一个分句的意思相反或相对。

常用的关联词语有：“虽然（尽管）……，但是（但、可是、还）……”；“但是、然而、可是、但、可、却”。

第四，假设复句：前一分句说出了一种假设的情况，后一分句说明这一假设的情况实现后要产生的后果。

常用的关联词有：“如果（假如、要是）……，就（那么）……”；“即使……，也（还）……”。

第五，条件复句：前一分句提出一种条件，后一分句说明在具备这种条件的情况下所产生的结果。

常用的关联词有：“只要……，就……”；“只有……，才……”；“无论（不论、不管）……，都（也）……”。

第六，因果复句：前一分句说出原因，后一分句说出结果。

常用的关联词语有：“因为……，所以……”，“因此”，“因而”，“之所以……，是因为……”。

第七，取舍复句：在两件事情中，选择其中的一件，舍弃另一件。

常用的关联词语有：“与其……，不如……”；“宁可……，也不……”。

（4）答案

同义词和反义词。

同义词：高兴/愉快　　疲倦/疲惫　　称赞/夸奖

反义词：热情/冷淡　　骄傲/虚心　　善良/凶恶

选择关联词语填空。

只有　　才　　宁可　　也

**4. 句子**

（1）考查目的

主要考查学生理解和运用语言的能力。

（2）例题

例6　扩、缩句子。

⊙扩句：我们热爱祖国。____________________

⊙缩句：一个渔民在金黄的沙滩上发现了一块坚硬的琥珀。

例7　用词造句

⊙安　　慰：____________________

⊙舍己为人：____________________

例8　修改病句

⊙泰山是我国五大名山。

⊙这学期我们学校扩充了许多教学设备。

（3）解答方法

①扩句和缩句

第一，扩句。为了把话说得具体、生动、细致一些，把句子加上一些适当的修饰和说明性的词语，把句子加以扩充，这就是扩句。

扩句的方法：

如果有例句，就依照例句扩。如果只给基本句，先把基本句中主、谓或主、谓、宾划出来，然后分别把基本句中的每一个成分扩充。

例：太阳　　放射　　光芒

主　　　　谓　　　　宾

扩：温暖的太阳透过云层放射出耀眼的光芒。

第二，缩句。为了突出句子的“主干”，把话说得简明些，把句子中的一些附加成分去掉，只留“主干”，这就是缩句。

缩句的方法：首先划分句子中的主语部分和谓语部分，再从主语部分里找出主语，从谓语部分里找出谓语，若有宾语的成分也要找出，其余部分可以略去。这是缩完后的句子。

例：清晨的阳光温暖地抚摸着一望无际的土地。

缩：阳光　　抚摸着　　土地

　　主　　　谓　　　　宾

②造句

第一，造句的步骤为：

a. 要理解指定的词的本义是什么。

b. 再体会指定词在文章里的语言环境中的意思是什么。

c. 选材（请看下边“造句应注意的几点”）。

d. 造句，认真检查。

第二，造句应注意以下几点：

a. 每个句子表达的意思要完整，也就是要符合句子成分要求。

b. 要造思想性强的句子，好的句子应该表达积极、健康的思想感情。

c. 造句选材要广，要新颖。可选范围：国际国内的形势，英雄人物的事迹，模范人物的行为品质和人们的精神面貌，祖国大好河山的美丽风光……

d. 句子的条理性要强：构成句子所用的词语要有一定的条理和次序。

e. 造复句还要根据两个分句间的意思恰当地运用关联词语。

③修改病句

常见病句的形式：

搭配不当；成分残缺；重复啰嗦；前后矛盾；表达含糊；词序混乱；用词不当。

修改病句的原则：

原意要保，改动要少，改法要巧。句中哪有病改哪，没病的地方照抄。

修改病句的步骤：

a. 读原句：了解原意。

b. 再读原句：找病处。

c. 标出病处：进行修改。

d. 检查：按“原则”通读改后的句子。

例：

a. 搭配不当：

王叔叔穿着蓝上衣和黄帽子。

改：王叔叔穿着蓝上衣，戴着黄帽子。

b. 成分残缺：

读了《一天的故事》后，受到了深刻的教育。(缺主语)

改：我读了《一天的故事》后，受到了深刻的教育。

c. 重复啰嗦：

我不禁忍不住笑出声来。

改：我不禁笑出声来。

或：我忍不住笑出声来。

d. 前后矛盾：队长笑嘻嘻地脸上显出严肃的神情。

改：队长的脸上显出严肃的神情。

e. 表达含糊：昨天傍晚刮了一夜的风。

改：昨天傍晚刮了一阵的风。

或：昨天刮了一夜的风。

f. 词序混乱：

两个新旧社会，真是鲜明的对比啊！

改：新旧两个社会，真是鲜明的对比啊！

g. 用词不当：

在联欢会上，李萍演唱了动听的歌声。

改：在联欢会上，李萍演唱了动听的歌曲。

(4) 答案

扩句：我们非常热爱我们伟大的祖国。

缩句：渔民发现琥珀。

造句：(略)

改病句：泰山是我国五大名山之一。

扩充改作　增加（添置）

5. 修辞

（1）考查目的

考查学生识别修辞方法的能力。

（2）例题

例9 下面的句子用了什么修辞方法，请选择恰当的分别填在括号里。

比喻　　拟人　　设问　　反问

⊙古老的威尼斯又沉沉地入睡了。(　　)

⊙老师是辛勤的园丁。(　　)

⊙没有太阳，怎么能有我们这个美丽的世界？(　　)

⊙世界上有没有给自己写信的人呢？有！这个人就是德国著名医生欧立希。(　　)

⊙灰尘还是制造云雾和雨点的小工程师。(　　)

（3）解答方法：

常用修辞的种类和运用：

①比喻：比喻就是打比方。比喻，一般地说，就是拿具体的、形象的事物来比喻与其相似的另一种事物（这两种不能是同类事物）。这种比喻非常明显，所以叫明喻。

恰当地运用比喻，可以把事物说得更通俗、逼真、生动、形象。

比喻的句子由三部分构成：第一，被比喻的事物叫本体。第二，用来做比喻的事物叫做喻体。第三，用来表示比喻关系的词叫比喻词。比喻词有："像、如、似的、好像、仿佛、犹如"等。

②排比：将句式相同或相似，语气一致，内容密切关联的一组句子或词组排列在一起，就是排比句。

排比句可以使句子整齐、有力，感情抒发得更充沛、强烈，给人以深刻的印象。

③拟人：拟人是把没有思想感情的事物当成有思想感情的人来描写。使它有像人一样的动作、语言和思想感情。

④夸张：夸张是在现实的基础上把所要描写的事物明显地夸大或缩小的修辞方法。夸张可以使事物的特征突出、鲜明，给人留下深刻的

印象。

⑤设问：说话或写文章时，为了引起人们的注意和思考，往往先自己提出问题，然后自己回答，这种自问自答的表达方法叫设问。

⑥反问：在说话或写文章时，为了加强语言的力量，用问句的形式表示肯定的意思，并不需要回答的修辞方法叫反问。

⑦对偶：将字数相等，结构相同或相近，内容相对称、相反或相关的两个句子或词组对称地排列起来，互相映衬，互相补充的修辞方法叫对偶。它的作用是使内容更鲜明，句式更整齐，音调更和谐，表达效果更强烈。

(4) 答案

拟人　　比喻　　反问　　设问　　拟人

## 阅　读

**1. 考查目的**

考查学生基础知识的综合运用能力及思维、概括表达等的能力。

**2. 例题**

阅读短文，回答下面的问题

### 卖小猪

天刚蒙蒙亮，远近闻名的莱山集便像炸了的油锅一样翻腾开了。处在集市东北角上的小猪市，更显得热闹非凡。

刚进猪市路口，差不多挤成了一个疙瘩。人圈内站着一位普通的农村妇女，她看上去三十五六岁，穿一身朴素的衣服，脚上蹬着一双粗布鞋，闪着一对明亮的大眼睛，高鼻梁，说起话来，清脆响亮。她前面齐刷刷地躺着八头油光滚圆的小猪，发出哼哼唧唧的叫声，行家一看便知是些空着肚子的猪崽。

不一会儿工夫，猪崽一下被“抢”走了。一位老汉拍着怀里的一头小猪崽的肚皮，说：“他嫂子，你这小猪肚子是空的，俺看出你这个人心眼实，那两块钱你就不用找了。”一旁的熟人笑着说：“她喂了三年的母猪，每次猪崽上市，都不加食，谁不知道她是镇上有名的文明饲养户！”

“啊，啊！怪不得啊！俺回乡以后，一定替你传传名，噢，对了，你的名字叫啥来？”

这位大嫂红润润的嘴唇动了动，接着便是一阵清脆的笑声：“大爷，不要替俺吹了，虽说俺饲养是为了赚钱，可也不能赚那昧良心的钱哪！大伙儿不是都恨那样做吗？”说着，把两元钱硬塞到老人的衣袋里。

人群里爆发出一阵赞叹的笑声，这是春天的笑声。

问题：

（1）用“‖”给文章分段，归纳各段段意。

（2）联系上下文解释词语的意思。

行家________ 心眼实________

（3）用“～～～～”勾出描写农村妇女外貌的句子。

（4）概括文章的中心思想。

**3. 解答方法**

（1）分段的方法

①按事情的发展顺序分段。常从以下几个方面去考虑：

a. 按事情情节发生变化的地方分段；

b. 抓住文章的重点部分、中心部分进行分段。

②按地点的转移来分段：这种分段方法大多是游记——写景的记叙文，但写人记事的记叙文也有按地点变化安排材料的。我们阅读文章时要抓住文章中标明地点的词语，还有的文章作者所写的内容不一定都是地面地点的变化，有的从上到下，从里到外，从远到近或从整体到部分。作者按空间位置的转移来叙述。我们在分段时要认真阅读，仔细分析，探索文章内容的结构来进行分段。

③按时间的推移分段：作者在记叙过程中运用了表示时间的词语，这些词语的运用，不但点明了故事发生的时间，而且随着时间的进展和不断推移，故事情节也不断地发生变化。

④按内容性质（或类别）的不同分段：在记叙文中，有的是从事

情的几个方面或事物的不同类别、不同性质、不同方面作记叙的，它们都共同地表达了文章的中心，这样我们就可按这种方法给文章分段。

以上四种分段方法是从文章内容入手常用的分段方法。除此而外，给文章分段也有的能从文章的结构入手，常见的文章结构有总分结构，不过这样分段的文章都是比较简单的。

在分段的过程中，要处理好过渡段的问题：一般过渡段不独立成段，它从属于上段或下段。因为过渡段的作用是承上启下的，根据这个作用，分析过渡段的内容，如果承上的内容是主要的，它就归上段；如果启下的内容是主要的，它就归下段，过渡段的从属完全由承上启下的内容在过渡句中的主次而定。

（2）概括段意的方法

①摘句法

能够概括全段中心内容的句子叫中心句。中心句的位置是有变化的，一般在一段的开头，我们称它为“首括句”或“总起句”。

②取舍法、找重点句

在有的文章段落中，有些关键的句子，概括了全段的主要内容。这种句子略加整理，便可成为段意，但这种句子不是中心句。

③合并法，归纳各小节意思

首先把本段中各小节意思概括出来，然后进行归并。这种方法适合从几个方面写一样事物的段落或分别说明几种情况的段落。

（3）概括中心思想的方法

①抓住文章的主要内容

首先要读懂文章，概括出文章主要内容。其次，想一想作者为什么写这些内容，领会作者的写作目的；歌颂什么，反对什么，说明什么道理，抒发什么感情。最后用自己的语言概括出中心思想。

②抓重点段落

作者的写作目的是在文章的字里行间渗透的，而文章的重点段落，往往更集中地表现了文章的中心思想，那么我们就可以抓住重点段落仔细分析，总结出文章的中心思想。

③抓文章题目

文章的题目往往是内容的画龙点睛之笔，有时就是中心思想的高度概括。

④抓反映中心思想的句子

文章中有的句子能直接反映中心思想，我们称这种句子为“中心句”。我们可以通过抓中心句来概括中心思想。文章中心句的位置是不固定的，有的在开头，有的在结尾，有的在中间。

（4）回答短文后面的问题

在阅读短文后，常常要求我们依据短文内容来回答问题。这类问题一般有三种情况：

①带有“怎样”、“哪些”词语的问题

这类问题的答案一般是文章的有关片断或细节。解答这类题应该认真审题，抓准内容，组织语言写出答案。有时题目要求的答案分散在文中各个部分，需要我们把分散的内容找出来，并且加上恰当的词语，使之成为前后连贯的一段话。

②带有“为什么”词语的问题

这类问题要求对文章中的人物（事件或景物）作分析，要想答好这类问题，首先要找到与问题有关的内容，认真分析，然后才能准确地答出“为什么”。

③要求有概括性答案的问题

答这类问题是指概括文章的主要内容和中心思想及人物、事物、景物的特点等。回答时要用准确、简练的文字，抓住要点和重点说出总貌，并且应恰到好处。

④解答理解句子含义的问题

首先要认真阅读全文，不仅要理解句子表达的意思，还要领会它蕴含的意思。我们可以用下面几种方法来理解句子的含义：

a. 一般的句子，要抓住句子中的关键性词语来理解。

b. 含义深刻的句子，要联系上下文理解。

c. 诗句、比喻句、拟人句等要通过想象或联想来理解。

# 作　文

小学作文命题形式有三种：

（1）根据要求自己命题叫自命题；

（2）指定题目的一部分，再根据要求补充题目成为完整的作文题，这种命题叫半命题；

（3）指定一个文题，根据这个题去写作文叫命题作文。

要写好命题作文一般要从以下几方面下工夫：

## 1. 审题

就是要全面细致地理解题目的含义，弄清题目的要求。另外，审题也包括审文题后的要求。

审题应审什么呢？

①深入理解题目的含义与要求

如《一个助人为乐的同学》，要求突出描写这位同学助人的事迹，表现他助人为乐的好品质。只写一般地帮助人是不够的，要有感人的情节。《我爱我的学校》要求以第一人称写，抒发热爱学校之情，要写出为什么爱、爱什么，怎么爱。

②审出题目中规定的选材范围

a. 时间范围：如《春天的早晨》只能写春天早晨的情景或事情，《放学以后》限定只能写放学以后发生的事，超过了这个时间范围就走题了。

b. 地点范围：如《校园新风》地点就限定在校园内。《回家的路上》地点就限定在放学回家的路上，不能写在校或回家后的情况，但要选一两件事为重点。

## 2. 定中心（立意）

文章的中心是指作者写这篇文章的目的和意图。文章的“中心”所包括的内容：

（1）表现社会（或集体）的一种精神或情绪。如写《一次劳动》表现同学们为迎接世界妇女大会在中国的召开积极做贡献的精神，写一次体育比赛，表现同学们奋力拼搏为集体争光的精神。

（2）表明自己受到什么教育，明白了一个什么道理。如写《拔河比赛》，使自己明白了团结才能胜利的道理。写《我学会了游泳》，使自己明白了只有勤学苦练，不怕困难，才能成功的道理。写《一件难忘的事》使自己受到了“要诚实”的教育等。

（3）抒发一种感情。写《春游颐和园》抒发了自己对大自然的赞美之情。写《参观圆明园遗址公园》抒发自己痛恨帝国主义、热爱祖国之情。

（4）表现人物的一种优秀品质。通过一些事情的记叙表现老师关心同学、生活朴素、无私奉献、工作认真负责等品质，也可表现同学拾金不昧、助人为乐、刻苦学习、热爱劳动等的好品质。

3. 选材

（1）从实际生活中选材

生活是写作材料的源泉。社会生活是丰富多彩的。所以我们要学会对生活进行观察，养成勤于观察的好习惯，观察时要把握住事物的特点。

动植物：注意形体、颜色、习性及跟人的关系。

人物：观察各种人物的外貌、神态、语言动作和行为等。

环境：空间位置、气氛、颜色、形状……

事情：人物、时间、地点、起因、经过和结果，这是事情的六要素。不同的事情，不同的时候，有不同的特点，一定要抓住事物的特点。

（2）要根据文章的中心来选材

根据文章的中心来选材的原则是：跟“中心”关系密切，能充分体现“中心”的材料要多选，选全。跟“中心”关系不大的，可适当选，跟“中心”没关系的，根本就不选。

（3）选材要注意的问题

①真实。所选的材料应是实实在在的事。最好是自己亲身经历的，亲眼所见的或亲耳听到的，要写自己所见、所闻、所感，这样的材料才有的写，不至于无中生有地编造。

②具体。所写的材料不但要有普遍性、代表性，还要有自己的特点，这样才能反映出事物的本质特征。

写人物：要抓住人物最有代表性的一个品质特征。从神态、语言、动作等各方面去描写。

写活动：要写出这次活动的特色，是有趣，还是有意义，有什么意义。

写游记：要写出游览点的代表景点。如写《游颐和园》如果不写昆明湖、十七孔桥、长廊，就表现不出颐和园的特色。《秋游香山》如不写香山红叶就丢掉了最主要的特征。

写玩具：就要抓住它与别的玩具不同的地方，如外形、功能等。

③典型。所选的材料必须具有典型性，新鲜有意义，富有时代的特色，才能引起读者的兴趣。

4. 列提纲

提纲主要包括：

（1）题目（本次作文的题目）。

（2）中心思想（提纲一定要先写出全文的中心思想，以便围绕中心思想去选择材料，安排材料的顺序与详略）。

（3）材料的组织安排

①决定写作顺序（按事情的发展顺序、时间的推移、事物空间位置的变化或事物的性质、类别等）。

②确定先写什么，再写什么，最后写什么。

③重点段要分层写。

④注明段或层的详写与略写部分。

100

# 八 别怕考试

## ——怎样防治小学生的考试焦虑

有些小学生在毕业升学考试来临时，心理上容易产生一种恐惧感，并且随着毕业升学考试日期的逼近而与日俱增。临近考试前，心情焦躁，忐忑不安；入考场后，精神紧张，思绪烦乱；考试中，平时完全可以做出的题目，此刻却难以做出，心神不定，东张西望；以及考试前后出现恶心、呕吐、食欲不振等症状。这些都是考试焦虑的表现。因此，考试焦虑的控制情况如何，会对毕业升学考试成绩产生重大影响。

那么，什么是考试焦虑？考试焦虑有什么危害？怎样测查考试焦虑？如何战胜考试焦虑？这正是本章所要回答的问题。

### 考试焦虑是精神紧张

考试焦虑是由考试情境所引起的一种精神紧张状态。考试焦虑由三种成分构成：（1）认知成分：以担忧为特征，由消极的自我评价或他人评价所形成的意识体验。（2）生理成分：与自主神经系统活动增强相联系的特定的情绪性反应。如心率加快、呼吸加剧、胃肠不适、多汗、尿频、头痛、失眠等。（3）行为成分：以防御或逃避表现出来的一定的行为方式，如考场上忐忑不安、多余动作增加，或胡乱答完考卷，早早离开考场等。考试焦虑就是由上述三种基本成分交织而成的一种复杂的情绪反应。

如果一个小学生在下述几方面或所有方面感到困扰，就说明他正在遭受考试焦虑的折磨。具体表现为：

1. 感到考试是一种威胁，而不是一种挑战。

2. 有许多消极的想法，怕考不好遭别人的白眼，家长的打骂，认为“命运完了，前途完了”等等。

3. 考试之前，有某些生理反应，如失眠、恶心、手心出汗、心跳加快、呼吸加剧等。

4. 对新近所学知识回忆困难，并且难以把注意力集中在考试题目上。

5. 担心其他同学会比自己考得更好。

6. 对考试的担忧并没有随着自己的成熟而减少。

事实上，在考试前，大多数小学生会或多或少地产生上述体验。但切莫悲观。通过本章的阅读，家长将会知道怎样辅导孩子克服考试焦虑。

## 考试焦虑的危害

### 考试焦虑对学习的影响

20 世纪 50 年代以来，不少学者对考试焦虑对小学生学习的影响进行了研究，积累了较丰富的资料。

早期研究表明，小学生的考试焦虑与学习成绩之间呈负相关。也就是说，考试焦虑越高，学习成绩越差。当然，这种负相关关系，受多种因素的影响。

20 世纪 70 年代以来，不少学者对小学生的智力、性别、年龄、学习技能与习惯、学习材料的难易等多种因素对考试焦虑与学习之间关系的影响进行了深入研究。研究表明，当男生智力水平为中等时，考试焦虑与学习成绩之间呈负相关；而在女生高智力组中，学习成绩与考试焦虑之间呈负相关，就考试焦虑高的学生而言，具有良好的学习习惯、学习时数较多者，学习成绩较高；而缺乏良好学习习惯、经常逃课者，学习成绩明显偏低。考试焦虑低的学生在难度大的考试中成绩好，考试焦虑中等的学生在难度小的考试中成绩好，考试焦虑高的学生在难度大和难度小的考试中成绩均差。

# 过度考试焦虑对考试的干扰与危害

大多数人在面临重大考试时都会产生一定程度的考试焦虑，这是不可避免的，也基本上是无害的。但是，过度的考试焦虑则干扰考试过程的正常进行，影响考生应试能力和真实水平的正常发挥。具体表现在：

## 1. 过度考试焦虑分散与阻断学生的注意过程

任何考试都有时间限制，要求考生的精力高度集中，把注意力指向试卷上的考题。然而，患有过度考试焦虑症的小学生则把注意力分散在各种各样的担忧和无关刺激上。他们担心考试失败带来的消极后果，担心父母、老师和亲朋好友会如何评价自己，他们对考场上的偶然性刺激（如监考人员的目光、脚步声、其他考生的咳声、打哈欠声、试卷的翻动声等）特别敏感，东张西望，同时还伴随着各种身体的紧张反应，从而使注意过程几乎趋于阻断状态，干扰了应试过程的正常进行。

## 2. 过度考试焦虑干扰考生的回忆过程

目前，我国小学毕业升学均采用闭卷考试的形式，因此，对小学生回忆的准确性和迅速性有较高要求。回忆能力强的考生在同等条件下，往往能够获得更好的成绩。因为他们能根据考题的要求和有关线索，做出迅速准确的判断。过度考试焦虑者的大脑昏昏沉沉，记忆库中信息贮存出现混乱，从而使信息的检索失灵，该提取的信息提取不出来，在考试上常常错答、漏答，或不知如何应答，严重影响了考试成绩。

## 3. 过度考试焦虑瓦解考生的思维过程

思维在考生应试过程中起着关键性的作用。受过度考试焦虑困扰的小学生，思维活动往往陷于呆滞和凝固状态，因而，分析、综合、比较、抽象、概括等内部操作活动无法正常进行，从而使应试过程受到严重的干扰，小学生在考场上无法正常发挥自己的真实水平。

## 过度考试焦虑对身心健康的威胁

过度考试焦虑不仅干扰小学生应试能力的正常发挥，而且还对小学生的身心健康构成威胁。具体表现在：

1. 对身体健康的威胁

(1) 对神经系统功能的影响。长期、过度的考试焦虑，可导致大脑神经活动兴奋与抑制功能的失调，形成各种神经症。小学生中常见的神经症是神经衰弱。神经衰弱的主要表现是：注意力难以集中，易疲劳，易激动，经常失眠，身体虚弱等。

(2) 对心血管系统功能的影响。长期、过度的考试焦虑，会使交感神经系统处于兴奋状态，在其他生理条件的伴随下，有可能使心血管功能发生紊乱，造成心律不齐、高血压、冠心病等疾病。

(3) 对消化系统功能的影响。在高焦虑状态下，肠胃蠕动明显减慢，胃液分泌明显减少，肠胃功能受到严重扰乱，这种状态如果长期持续下去，会导致胃炎、胃溃疡等疾病。

(4) 对呼吸系统功能的影响。当过度的考试焦虑与其他因素相互作用时，可诱发心因性呼吸系统疾病，如支气管哮喘。

2. 对心理健康的威胁

心理健康是指人在各种环境中能够保持自身良好的心理效能的状态。心理健康的小学生具有以下的特征：

(1) 能够在学习中充分发挥自己的智慧和能力，从而取得成功；并从学习中获得满足。

(2) 乐于与他人进行交往，并且能够和他人建立良好的关系，在与他人相处时，尊敬、信任和喜悦等积极的态度多于仇恨、嫉妒、怀疑和憎恨等消极的态度。

(3) 具有正确的自我意识，并具有悦纳自己的态度，愿意努力发挥自己身心的潜能，对于无法弥补的缺陷，能安然接受不做无谓的抱怨。

(4) 与现实环境保持良好的接触，对环境能做正确客观的观察，并能进行健康有效的适应；对生活中的各种问题，能以现实的方法加以处理，而不企图逃避。

长期过度的考试焦虑，对小学生的心理健康有很大的威胁，具体表现在：

（1）缺乏正确的自我意识，意识活动范围变得狭窄，对他人和自己缺乏客观的评价，往往以自我为中心。

（2）智力活动效率降低。

（3）情绪不稳定并缺乏自控能力，遇事好冲动。

（4）在性格上，过分胆怯，好幻想，有时又有一定的攻击性。

（5）人际关系陷于紧张状态，不能和周围的人和谐相处。

（6）缺乏社会适应能力和社会责任感。

总之，过度考试焦虑，对人的身心健康有着严重的危害，广大家长切不可低估。

## 影响考试焦虑的因素

考试焦虑水平的制约因素很多，既有个体身心方面的因素，又有外部方面的因素。

### 遗传因素

每个人受父母基因的影响而在神经类型的强弱上有所不同，因而在应试情景下产生的考试焦虑水平也不尽相同。

### 健康状况

身心健康状况良好的小学生，精力充沛，情绪稳定，能够正确应对考试情境并做出积极反应，他们的考试焦虑水平较低；身患疾病、体质虚弱者，对应试情景容易激起较强的情绪波动，甚至会彻夜不眠，其考试焦虑水平自然较高。

## 自我评估

如果小学生把考试与自己的终身前途、理想幸福联系在一起，他的考试焦虑水平自然较高；如果对考试持无所谓的态度，那么考试焦虑水平自然较低。

## 知识经验

如果一个人的大脑像计算机一样，贮存了足够的知识经验，包括一系列的概念、定理、公式、规则，那么他在考场上的焦虑水平自然较低；如果一个人考前缺乏足够的知识准备，或应试前满怀信心，但一到考场发现个人已有的知识结构不足以应付考试的要求，其考试焦虑水平自然偏高。

## 应试技能

两个知识水平相当的小学生，一个受过应试技能训练，对题型、解题思路、答题要点、评分标准等问题心中有数；另一个缺乏应试技能的训练，应试经验不足。显然，前者临场必定镇定自若、考试焦虑水平较低；后者临场必定慌乱紧张，考试焦虑水平较高。

## 家庭环境

家长对孩子的要求与管教过严，期望水平过高，容易助长学生的考试焦虑。

## 学校教育

片面追求升学率、大搞题海战术，容易使学生产生较高的考试焦虑；在全面贯彻执行党的教育方针、努力创造宽松和谐环境的学校，学生的考试焦虑水平较低。

# 小学生考试焦虑的测查与分析

## 考试焦虑自我测查量表

为了帮助家长准确地把握自己孩子在考试焦虑方面存在的问题，我们准备了这份考试焦虑自我测查表。请家长和学生一起仔细阅读每一道题目，看看它是否反映出学生在应试时的实际情况。

如果是的话，就在该题目后面的横线上做一个标记（打√）；如果不是，则无需做任何标记。一定要如实地回答，不要花太长时间思考。要尽可能按你看完题目后的第一个印象回答。假如有些题目实在难以确定，请你随便用一种方式在该题目后面的横线上做个备查记号，因为它可能表明了某种潜在的问题。

如果您想真正了解自己孩子在考试时的真实情况，就一定要提醒孩子如实做答。

好，现在开始答题：

1. 我希望不用参加考试便能取得成功。________

2. 在某次考试中取得的好分数，似乎不能增加我在其他考试中的自信心。________

3. 人们（家里人、朋友等）都期待我在考试中取得成功。________

4. 考试期间，有时我会产生许多对答题毫无帮助的莫名其妙的想法。________

5. 重大考试前后，我不想吃东西。________

6. 对喜欢向学生搞突然袭击考试的教师，我总感到害怕。________

7. 在我看来，考试过程似乎不应搞得太正规，因为那样容易使人紧张。________

8. 一般来说，考试成绩好的人将来必定在社会上取得更好的地

位。________

9. 重大考试之前或者考试期间，我常常会想到其他人比自己强得多。________

10. 如果我考糟了，即使自己不会老是记挂着它，也会担心别人对自己的评价。________

11. 对考试结果的担忧，在考试前妨碍我准备，在考试中干扰我答题。________

12. 面临一场必须参加的重大考试，我会紧张得睡不好觉。________

13. 考试时，如果监考人来回走动注视着我，我便无法答卷。________

14. 如果考试被废除，我想我的功课实际上会学得更好。________

15. 当了解到考试结果的好坏将在一定程度上影响我的前途时，我会心烦意乱。________

16. 我知道，如果自己在考试时能集中精神，我的考试成绩便能超过大多数人。________

17. 如果我考得不好，人们将对我的能力产生怀疑。________

18. 自己似乎从来没有对考试进行过充分的准备工作。________

19. 考试前，我身体不能放松。________

20. 面对重大考试，我的大脑好像凝固了一样。________

21. 考场中的噪音（如日光灯的响声、送暖气或送冷气的声音、其他应试者发出的声音等等），使我烦恼。________

22. 考试前，我有一种空虚、不安的感觉。________

23. 考试使我对能否达到自己的目标产生了怀疑。________

24. 考试实际上并不能反映出一个人对知识掌握得究竟如何。________

25. 如果考试得了低分数，我不愿把自己的确切分数告诉任何人。________

26. 考试前，我常常感到还需要再充实一些知识。________

27. 重大考试之前，我的胃不舒服。________

28. 有时，在参加一次重要考试的时候，一想起某些消极的东西，我似乎都要垮了。________

29. 在即将得知考试结果前，我会感到十分焦虑或不安。________

30. 但愿我能找到一个不需要考试便能被录用的重点中学。________

31. 假如在这次考试中我考得不好，我想这意味着自己并不像原来所想象的那样聪明。________

32. 如果我的考试分数低，我父母将会感到非常失望。________

33. 对考试的焦虑简直使我不想认真准备了，这种想法又使我更加焦虑。________

34. 应试时我常常发现，自己的手指在哆嗦，或双腿在打颤。________

35. 考试过后，我常常感到本来自己应考得更好些。________

36. 考试时，我情绪紧张，妨碍了注意力的集中。________

37. 在某些考试题上我费劲越多，脑子就越乱。________

38. 如果我考糟了，且不说别人会对我有看法，就是我自己也会失去信心。________

39. 应试时，我身体某些部位的肌肉很紧张。________

40. 考试之前，我感到缺乏信心，精神紧张。________

41. 如果我的考试分数低，我的朋友们会对我感到失望。________

42. 在考前，我所存在的问题之一是不能确知自己是否做好了准备。________

43. 当我必须参加一个确实很重要的考试时，我常常感到全身恐慌。________

44. 我希望主考人能够察觉，参加考试的某些人比另一些人更为紧张，我还希望主考人在评价考试结果的时候，能对此加以考虑。________

45. 我宁愿让父母交几万块钱上重点中学，也不愿参加考试。________

46. 在得知自己的考分之前，我很想知道别人考得怎样。________

47. 如果我得了低分数，我认识的某些人将会感到快活，这使我心烦意乱。________

48. 我想，如果我能单独进行考试，或者没有时限压力的话，那么，我的成绩便会好得多。________

49. 考试成绩直接关系到我的前途和命运。________

50. 考试期间，有时我非常紧张，以至于忘记了自己本来知道的东西。________

## 对测查结果的分析

现在，您的孩子已经按要求把整个测查量表填写完毕。接下来，让我们来分析他的考试焦虑。

此测查量表由两大部分组成。一部分内容是测查他的考试焦虑的来源（或原因），另一部分内容是测查他的考试焦虑的表现。

考试焦虑的来源主要包括：

（1）担心考糟了影响他人对自己的评价；

（2）担心对自己的自我意象受到损害；

（3）担心未来的前途；

（4）担心对应试准备不足；

考试焦虑的表现主要包括：

（1）躯体反应；

（2）思维障碍。

此外，此测查量表还有6道测试一般性考试焦虑的题目，可以反映考生应试时的自信程度。

为了防止上述内容一目了然，进而影响答题的可靠性，在编排题目顺序时，对上述内容做了混合编排。通过表8—1，可以系统地了解本测查量表的内容归类及所属题目序号。接下来，请您对照本表，看看每类测查内容的规定题号内，自己的孩子有哪几道题目打了“√”，有哪几道题目做了备查的记号。

然后，针对打“√”的题目和做了备查记号的题目，结合其所属的类别，进行自我分析和概括。

表 8—1 考试焦虑自我测查量表的内容归类及其所属题目序号

| 类别 | 测查内容 | 题目序号 |
| --- | --- | --- |
| 考试焦虑的来源 | 1. 担心考糟了影响他人对自己的评价<br>2. 担心使自己的自我意象受到损害<br>3. 担心未来的前途<br>4. 担心对应试准备不足 | 3，10，17，25，32，41，46，47<br>2，9，16，24，33，40<br>1，8，15，23，30，49<br>6，11，18，26，33，42 |
| 考试焦虑的表现 | 1. 躯体反应<br>2. 思维障碍 | 5，12，19，27，34，39，43<br>4，13，20，21，28，35，36，37，48，50 |
| 其他 | 一般性考试焦虑 | 7，14，22，29，44，45 |

例如，某位学生对自己考试焦虑的第一类来源进行分析之后，对自己的问题做了如下概括：“我在这方面最大的问题是不想使父母失望，他们在期待着我考上大学。”另一位同学的概括是：“当考试结果公布时，我不想让我的同学和朋友看我的笑话，我怕他们认为我是笨蛋。”

再如，某位学生对自己考试焦虑的第三类来源进行分析之后，对自己的问题做了这样的概括：“我把自己未来的生活、工作以及由此而来的幸福，全部寄托在我的考试成绩上了。我知道这样想可能有点过分，但我控制不了自己。”

示范就到这里，现在请家长根据自己孩子的答题情况，让孩子完成下面的概括：

1. 对考试焦虑第一种来源，我反应最强烈的方面是：

______________________________

2. 对考试焦虑第二种来源，我反应最强烈的方面是：

______________________________

3. 对考试焦虑第三种来源，我反应最强烈的方面是：

______

4. 对考试焦虑第四种来源，我反应最强烈的方面是：

______

5. 在考试焦虑的第一种表现上，我的主要问题是：

______

6. 在考试焦虑的第二种表现上，我的主要问题是：

______

7. 我对考试的自信程度为：

______

通过以上的分析概括，您就找出了自己孩子考试焦虑的主要原因，抓住了他考试焦虑的主要表现。有了这种条理分明的分析概括，便为对考试焦虑的自我调控和治疗奠定了基础，创造了条件。

## 考试焦虑的治疗方法

在现代心理学中，有各种各样治疗考试焦虑的方法。下面介绍两种简便、易学、适用的治疗方法。

### 自信训练

自信训练针对考试焦虑的担忧成分，运用交互抑制原理，使小学生由担忧转向自信，从而消除其考试焦虑。

患有考试焦虑的儿童在临考前有许许多多担忧，这些担忧主要是：预料自己将取得不好的成绩；转移了对当前任务（即考试）的注意力；夸大可能出现的消极后果；当把自己同他人进行比较时，严厉地进行自我责备；开始怀疑或拒绝自己作为一个人的价值；不相信自己的目标是可以达到或值得达到的，等等。

上述这些担忧可以举出大量的实例，例如：

⊙“我预感我在这些考试中将一败涂地。”

⊙“我担心班里其他同学这次考得比我好。”

⊙“我讨厌考试，考试使我整天坐立不安，忧心忡忡。”

⊙“离考期越近，我越担心自己是否能胜任这场考试。”

⊙“这次考题一定很难很偏，我不可能考好。”

⊙“父母对我的期望很高，万一这次考试不及格，我该怎么办?”

⊙“我的脑子里空空的，这次考试不可能取得好成绩。”

⊙“我平时成绩在班里名列前茅，这次如果考不好，老师和同学们会怎么看我呢?”

⊙“其他人比我聪明多了。”

⊙“我老是不能集中注意力，真是不知怎么回事。”

⊙“如果这次考不好，我将永远不能实现自己的理想。”

⊙“我希望考场里没有任何叽叽咕咕的声音。”

⊙“不少同学都说，我这次考试能取得好成绩，可越这样说我心里越不踏实。”

⊙“我这几天一点东西也吃不下，我怀疑自己考试期间是否能撑得下来。”

⊙“如果我不用考试就能升学，整天无忧无虑，那该多好呀!”

如果某一个小学生，充满了上述担忧，而又缺乏适当的发泄方式，便会在大脑皮层产生保护性抑制，干扰考试过程的正常进行。

那么，如何通过自信训练来克服考试焦虑呢?

**1. 主动觉察个人消极的自我感觉**

患有考试焦虑的小学生对消极的自我感觉已经习以为常、熟视无睹了，因此，在临考前对自己的消极自我感觉往往觉察不到。要扭转这种状况，就需要留意在考前的微小生理变化和情绪反应，通过对生理变化和情绪反应的感知来促进自己对个人消极的自我感觉的察觉。

当得知即将参加一场重要的考试时，假如儿童有任何神经性倒位、面部肌肉颤动或心绪不佳等症状，那就意味着消极的自我感觉已出现在他的潜意识中。家长应指导他把这些潜意识，逐条在纸上记录下来，这样可把潜意识提高到意识的水平，从而使他清楚地意识到自己当前消极的自我感觉究竟有哪些，这是自信训练的第一步。

**2. 形成向消极的自我感觉挑战的习惯**

当他逐条记述下个人消极的自我感觉以后，下一步就是要训练自己向消极的自我感觉挑战，这是自信训练的决定性步骤。

所谓挑战，是指向消极的自我感觉中的不合理成分进行自我质辩，其中包括指出这种消极自我感觉的不现实性和不必要性，阐明由此对个人所造成的危害，并明确今后应取的态度。

接下来，我们从前边列举的 15 个担忧的例子中选出 2 个加以示范说明：

例 1　（第 1 题）“我预感我在这次考试中将一败涂地。”

自我辩解：

果真是这样吗？我以为这不是真的，除非我一点也没有进行准备。这种陈述是否会成为自我实现的预言？是的，我这样说恰恰可能促使这种局面的出现。因为人们倾向于按照自己消极的期待生活，因此，这样一种看法至少不利于我取得自己真正的分数。这种陈述是否会使我分心？是的，按照这种说法，我将把注意力更多地集中在可能出现的消极后果上，而不是当前正在进行的考试上。

例 2　（第 2 题）“我担心班里其他同学这次考得比我好。”

自我辩解：

这种担心有必要吗？毫无必要！班里确实有比自己更强的同学，但也有不如自己的同学，因而担心其他同学都比自己强是无根据的。考试固然意味着同他人的竞争，但就个人的发展来说，归根结底是同自己“竞争”，就是说，通过考试检查个人掌握知识的情况，以便根据存在的问题加以改进。因此，把注意力放在担心其他同学都比自己强上，这种担忧多么幼稚！此种担忧有危害吗？岂止是有，危害还不轻呢！这种担忧使自己离开当前的中心任务，而把精力白白浪费在毫无价值的猜测上；这种担忧助长了个人的自卑情绪，使自己丧失了应有的信心和勇气；这种担忧是一种精神上的枷锁，对个人的思想起着一种禁锢的作用。那么，个人应取怎样的态度呢？要记住：抓住中心，排除杂念；立足于自我潜能的发挥，善于吸取其他同学成功的经验，这就是自己应取的态度。

好，示范到此结束。下面，请家长依照示例，指导儿童完成其他13道题目的自我辩解。

要真正有效地克服考试焦虑，需要在日常生活中多多练习，掌握自信训练的基本方法和程序。

## 系统脱敏

系统脱敏的基本原理是交替抑制原则。即一个人不能同时既松弛又紧张。处于完全松弛时，本来可引起焦虑的刺激也会失去此作用。即对此刺激脱敏了。按一定步骤进行一系列脱敏手续，故称系统脱敏。此方法共包括四个步骤：

（1）搞清引起患者焦虑反应的具体刺激情境；

（2）训练肌肉完全松弛；

（3）组织引起焦虑的刺激梯级表，将患者的各种焦虑反应按程序轻重由弱到强排成“焦虑等级”；

（4）将松弛反应逐步地、有系统地同焦虑反应予以匹配（遵照“焦虑等级”由弱到强的顺序）。通过两种反应的对抗作用，最终使松弛反应彻底抑制焦虑反应，达到脱敏的目的。

那么，怎样通过系统脱敏来消除考试焦虑呢？下面，我们根据上面所讲到的系统脱敏的四大步骤，用一个假定的例子来示范这种疗法的自我应用。

### 1. 列出引起个人考试焦虑反应的具体刺激情境

假定引起考试焦虑反应的具体刺激情境为以下18个：

（1）我的一位朋友告诉我，他马上要参加一次重要考试。

（2）我看见一位同学正为考试而忧心忡忡，早起晚睡地在背诵复习题。

（3）听说我不认识的一个人，必须参加一次考试。

（4）任课老师宣布，本周将进行一次小测验。

（5）任课老师宣布，两周内将进行一次期末考试。

(6) 考试时间快要到了，我肯定答不完考题。

(7) 考试后，我跟同学们对答案时发现，我自己的许多答案与他们不一样。

(8) 我被一道考题难住了。

(9) 我看见有人在我之前答完了考题，交了卷子。

(10) 我暂停了答卷，考虑怎样答才能比其他同学取得更好的成绩。

(11) 老师把考卷发给了我，在开始答题之前，我先把卷子仔细看了一遍。

(12) 我用余光看到了监考老师，他正在我座位附近走动。

(13) 我骑着自行车，正奔向考场。

(14) 明天就要考试了，我现在还准备得很不充分。

(15) 在临考前10天，我开始复习功课。

(16) 现在离考试还有一周，可我刚刚复习了一点点。

(17) 我看见了其他同学都陆续进了考场。

(18) 监考老师到了，我等得很着急，几乎要晕过去了。

这18个刺激情境是随意假定的，并未按从弱到强的等级排列。

### 2. 通过放松训练形成松弛的反应

放松训练的基本手段，首先是对肌肉、骨骼关节韧带的松弛训练，其次是呼吸减缓的训练，精神放松（或神经放松）训练，还有放松性言语暗示的手段及注意集中对象的转移等等。

### 3. 按从弱到强顺序排列“焦虑等级”

18个刺激情境“焦虑等级”的合理排列应为：

(1) 听说我不认识的一个人，必须参加一次考试。

(2) 我的一位朋友告诉我，他马上要参加一次重要考试。

(3) 任课老师宣布，本周将进行一次小测验。

(4) 任课老师宣布，两周内将进行一次期末考试。

(5) 在临考前10天，我开始复习功课。

(6) 现在离考试还有一周，可我刚刚复习了一点点。

(7) 明天就要考试了，我现在还准备得很不充分。

（8）我骑着自行车，正奔向考场。

（9）我看见了其他同学都陆续进了考场。

（10）我看见一位同学正为考试而忧心忡忡，早起晚睡地背诵复习题。

（11）监考老师到了，我等得很着急，几乎要晕过去了。

（12）老师把考卷发给了我，在开始答题之前，我先把卷子仔细看了一遍。

（13）我暂停了答卷，考虑怎样才能比其他同学取得更好的成绩。

（14）我用余光看到了监考老师，他正在我座位附近走动。

（15）我被一道考题难住了。

（16）我看见有人在我之前答完了考题，交了卷子。

（17）考试时间快要到了，我肯定答不完考题。

（18）考试后，我跟同学们对答案时发现，我自己的许多答案与他们不一样。

从以上“焦虑等级”排列可以看出，引起焦虑反应的刺激的强弱顺序，是按照从他人到自己、从远景到近景、从轻微压力到较大压力排列的。系统脱敏的“系统性”，就是要从这一“焦虑等级”的排列顺序中体现出来。

### 4. 在大脑想象中依次以松弛反应抑制考试焦虑反应

当完全放松时，开始想象“焦虑等级”中的第一种情况：你听说某些你不认识的人必须去参加一次考试。就引起你的考试焦虑的程度来说，这种情境刺激对你的威胁性最小。围绕这一情境，利用你的想象，在脑海中生动地加以描绘（这种描绘无固定模式，可尽情创造，但是，必须围绕该情境的主题）。例如，你想象自己在回家的路上，无意中听到你不认识的学生在说，他们最近必须参加一次考试。当想象结束时，你必须留心体验你的肌肉放松情况，是否同想象之前的放松状态一样。假如你感觉不一样，有些部位肌肉没有完全放松，那么，需要对这些部位的肌肉再次进行放松。直到你的想象结束以后，同时感觉所有的肌肉完全放松为止。这说明，你对“焦虑等级”第一种情境的脱敏成功了，松弛反应已经抑制了想象中的相应焦虑反应，你可以对“焦虑等级”

的第二种情境进行脱敏了。

现在，想象“焦虑等级”中的第二种情境。你接到外地一个朋友的来信，信中说，他今年要参加毕业考试，你们暑假一块去北戴河旅游的计划也就化为泡影了。想象到此结束，按照前面所说的程序，检查此时肌肉是否放松；若有部分肌肉未放松，做放松训练，然后重复第二种情境的想象，再检查肌肉放松情况，直到完全放松为止。接着，转入第三种情境的想象，……其余类推，这里就不一一举例了。

对所列“焦虑等级”的脱敏，每次数量不宜过多。一般每天进行一次脱敏，每次脱敏所包括的“焦虑等级”不应超过三种。以前面假定的“焦虑等级”的18种情境来说，最好分6天来做，每次对三种情境脱敏。

当完成了上述“焦虑等级”所列18种情境的脱敏以后，家长还可根据自己孩子的实际情况，设计一个新的“焦虑等级”，目的是要把他考试焦虑体验的一切方面全部予以排除。经过这样的脱敏训练，他对考试情境就不会那样过度反应了，考试情境的威胁力量将失去效力并趋于消失。到那时，他将大大提高对考试的信心，并把更多的精力集中于所面临的考试题目上。

## 考场病及其预防与救急措施

考试焦虑患者在考场上可能会产生各种病态反应。最典型、最常见的考场病有：突然慌乱、记忆堵塞、书写痉挛和身体疲劳。防止考场病的最有效措施是家长协助儿童做好预防工作，但小学生进入考场后，万一出现考场病，也有一些急救措施。

### 突然慌乱

许多学生在考场中都经历过突然慌乱的情况。这种考场病的典型症状是：心跳加速、呼吸加快、出汗和四肢颤抖，对于考生来主，心理素质是非常重要的。一般情况下，当大脑联想到各种悲惨结局或者产生某些消极想法，如“我将要失败了！”、“我不知道在考试中应该做什么，我必须离开考场！”等时，继续坚持考试是很难办到的。

**1. 预防措施**

如果在以前考试中儿童曾经历过突然慌乱的情况，那么儿童在这次考试开始前最好就假设他可能再次经历这种考场病，已经对此有了思想准备后，他的任务就是全力以赴为考试做准备。你应该尽自己最大的努力了解并掌握所学知识，以便在考试时信心百倍。大多数考生之所以在考试中感到慌乱，是由于他们自己对考试缺乏信心。通常情况下，他们都把复习任务一直拖到期末进行，而且他们只有到那时才发现。已经没有足够的时间圆满地学完所有材料，并达到通过考试的水平。因此，在考试过程中，容易发生突然慌乱的学生应该自觉尽早地、有规律地复习。如果小学生对所学内容掌握很扎实、很充分，即使遇到难题，他也能冷静地思考答案而不至于陷入突然慌乱的境地。

**2. 救急措施**

（1）心理调节

心理调节是运用口头言语刺激来控制自己大脑的思想活动，使自己对任何可能会引起忧虑的想法稳定地、积极地作出反应。

如何进行这种心理调节呢？首先，在考期来临的前几个月就应该开始这一训练过程。由于培养心理控制能力是需要花费大量时间的，所以，这一训练过程开始得越早越好。其次，是实践，如果对自己说刺激词“放松”时，能够由此产生强烈的放松反应，那么，这说明他现在已经逐步学会控制那些容易引起忧虑的思想。

一旦出现突然慌乱的最初征兆，如头昏眼花、手指颤抖、糊里糊涂及胃紧缩等，就应该让自己的双眼紧盯住一点不动，或者干脆闭合双眼，然后对自己说“放松”。当小学生发出声音说这个词时，要尽量在大脑中“看”（想象）这个词。重复说 6 次“放松”，以便消除慌乱感觉。当大脑的视听通道分别忙于“看”和听“放松”这个词时，大脑几乎没有空间思考那些容易引起慌乱的想法。如果有必要的话，要尽量多次重复“放松”这个词。

(2) 思路中断

制止出现突然慌乱的第二个方法是思路中断。一旦产生容易引起慌乱的想法，可以应用这一技巧在头脑中想象“红色停止信号”，这样就可以中断原来的思路，有个停顿过程。当在大脑中“看”停止信号时，儿童应该很果断地对自己说“停止”。当然，也可以附加身体上的动作，比如，当说“停止”时，握紧拳头等。在儿童对自己说“停止”时，要用大脑“看”（想象）停止信号灯分别开、关6次。在完成上面整个过程以后，要把注意力集中于没有任何威胁的比较容易的试题，并重新确立自信心。有时，这一过程需要重复数次，以便防止大脑产生那些容易引起慌乱的想法。

(3) 放慢呼吸

预防慌乱的第三个办法，是放慢呼吸。很多小学生发现：当自己在考试过程中碰到难题时，呼吸就会加快并且变得特别短浅。结果，更容易忧虑并感到慌乱。小学生一旦发现了忧虑和慌乱的最初征兆，就要特别注意调节呼吸。在吸气时做到时间长、缓慢而且深沉，在呼气时也应该达到同样的要求。所以，要坚持有规律地呼吸，一定不能让自己再陷入快速呼吸。

如果在一段时间里始终保持快速、短浅的呼吸，而且，此时此刻感到自己头昏眼花，这可能是由于小学生呼出了太多的二氧化碳而引起暂时的化学不平衡。为了重新建立这种平衡，可以把你的双手紧紧握成杯子状放到嘴边，然后向里面用力呼吸，交替地把头低垂在两腿膝盖之间再用力呼吸，这些过程能使儿童再吸入一些已经呼出的二氧化碳并保证大脑得到充足的血液循环。如果觉得在考场进行这些过程有点不那么方便的话，可以请求离开考场去洗手间进行。

## 记忆堵塞

许多小学生在以往考试中都曾有过记忆堵塞的经历。记忆堵塞也就是正当努力想从到嘴边的话中选出一个熟悉的或者相当明白的术语或概念时，却又回忆不起来。

1. 预防措施

引起记忆堵塞的最基本原因是对考试准备不充分。因此，为了减少记忆堵塞产生的可能性，就要在考试前进行充分的、有规律的复习。不要等到考试的前一周才开始复习，这样做只会把太多的学习任务简单地安排在极少的时间里，而使自己处于被动地位。应该坚持每周每天认真学习，从而避免由于期末复习任务太多而造成的沉重负担。

2. 救急措施

（1）保持镇静

记忆堵塞在高度紧张的环境里似乎更严重、更容易发生。这时，一定要保持镇静，并注意调节自己的呼吸速度。先慢吸气，当对自己说“放松”时缓慢地呼气，在完成缓慢呼吸时，再考虑正在努力回忆的问题，如果仍不能回想起来，就暂时搁下这道题，开始做别的题，过段时间再回过头来做这道题。

（2）联想

克服记忆堵塞的另一个办法是联想。我们不妨努力回忆那些与发生记忆堵塞问题有关的论据和概念，把回忆起的内容迅速记下来，然后看看能否从中挑选出一些有用的线索。

如果费尽心思，仍没能从中找到任何联系，那么，就要试着把自己想象成主考人，在自己的大脑中“看”（即想象）试题和答案：交替地，再把自己想象成班里最聪明的学生，并把自己的手看作这位聪明学生的手，让自己的手开始书写，即使仅仅写出几个字，也要仔细分析这些字是否给正在发生记忆堵塞的问题提供一些线索或启发。

（3）回忆笔记本

克服记忆情绪的另一个办法是回忆笔记本。因为在老师讲解有关的内容时，学生在笔记里记下了这个问题。如果这个问题出自一本书，要尽量想象它在书的哪一页，想象在它前面是什么问题。在它后面是什么问题，然后努力添上它的前面问题和后面问题之间的缝隙，也就是发生记忆堵塞的问题。

(4) 利用其他试题

克服记忆堵塞的最后一个办法是利用试卷上的其他试题。在标准化试题考试中，可能会要求学生做大量试题，后面的试题有可能给学生提供些线索。在头脑中要始终记住发生记忆堵塞的试题，如果在后面恰巧遇到了一个与之相关或有些联系的试题，就要仔细看其中是否有哪些词能够提供些线索或启发。

当正在进行考试时，如果突然回忆起了和另一道题有关的几个重要论据时，一定要花费几秒钟时间把它们迅速记在试卷边缘，为此花费几秒钟时间是非常值得的。否则，匆匆忙忙赶着答题，很可能再也不能回忆起就在几分钟之前还曾想起的内容。

## 书写痉挛

对大多数考生来说，连续几小时坐在考场上，同时手又在不停地书写，是非常疲劳的。注意力高度集中，考试时间紧张和对自己书写的字迹是否清晰可辨的担心，所有这一切都可能产生书写痉挛。

### 1. 预防措施

在模拟考试中锻炼手部肌肉，以便延长书写时间。肌肉训练项目的训练时间可以模拟真实考试的时间长度。开始的时候训练时间大约持续1小时。在规定的1小时里，连续书写以15分钟为限度的3段时间，每两段书写时间之间有5分钟的休息时间。为了有效利用时间，要练习概括地收集出以后将要考的内容。当能够字迹清晰地书写三个15分钟时间段以后，就要尽量使每个时间段增加5—10分钟。继续训练下去，直到能够按照试题所需要时间书写几个尽可能长的时间段为止。

### 2. 救急措施

在考试过程中，要经常有短暂的休息时间，并让手自然下垂到体侧。轻柔地摆动手或收缩、放松手都是非常有益的。关键是要保证有几次短暂的休息时间。这样，小学生的手才不至于紧张或疲劳到痉挛的程度。

要胸有成竹地步入考场，要能够通过某种放松反应使自己尽快放松，从而解除心理上的压力和紧张感。

## 身体疲劳

如果考生平时学习很刻苦，而且在考试前几周甚至把学习时间延长到占用睡眠时间，那么，在考场上就有可能发生身体疲劳现象。

**1. 预防措施**

关键是在漫长的复习考试期间不能严重地缩减睡眠时间。虽然在考试前一天晚上牺牲几个小时的睡眠时间学习，并不能严重影响考试成绩；但是，长时间睡眠不足的疲劳，必将影响考场发挥。除了要保证充足的、有规律的睡眠以外，还要特别注意饮食。避免服用兴奋剂，例如，含有咖啡因的饮料或者没有任何说明的药物，因为考试本身将极大地刺激人的大脑，并不再需要来自食物或药物的另外刺激。应该做到每天坚持锻炼，从而使身休肌肉发达，并给自己提供机会，逐渐消除考试前的紧张情绪。

**2. 救急措施**

在考试过程中要偶尔停顿一下，在这短暂的时间里不妨伸展一下胳膊、脖子和后背，然后再伸展双腿。如果感到精神紧张、反应迟钝，而且这种感觉正妨碍着顺利进行考试，那么，最好请求监考人允许走出考场，去一趟洗手间。

**【专家忠告】** 考试焦虑固然有很多危害，但我们也大可不必对此谈虎色变。只要我们对考试有正确的认识，在考试之前做好充分的准备，提高应试技能，就一定能够战胜考试焦虑。当然，应付考试的题目比较容易，人最难战胜的是自我，克服考试焦虑有时也并不是在短时间内可以达到的，它需要有很大的耐心，需要有坚强的意志。

读完这本书，您或许对提高小学生的记忆力和复习应试技能有了一定的了解，但更重要的是要将这些原理和方法应用到实践中去，并结合实际情况，得出一套适合自己孩子的方法。

祝愿您成为一名成功的家长！